当代高校体育教育理论与发展探究

施小花　著

吉林人民出版社

图书在版编目 (CIP) 数据

当代高校体育教育理论与发展探究 / 施小花著 . --
长春：吉林人民出版社，2021.9
　　ISBN 978-7-206-18463-5

　　Ⅰ . ①当… Ⅱ . ①施… Ⅲ . ①体育教学 – 教学研究 –
高等学校 Ⅳ . ① G807.4

中国版本图书馆 CIP 数据核字 (2021) 第 179532 号

当代高校体育教育理论与发展探究

DANGDAI GAOXIAO TIYU JIAOYU LILUN YU FAZHAN TANJIU

著　　者：施小花
责任编辑：关亦淳　　　　　　　　　封面设计：吕荣华
吉林人民出版社出版 发行（长春市人民大街 7548 号）　邮政编码：130022
印　　刷：三河市华晨印务有限公司
开　　本：170mm×240mm　　　16 开
印　　张：11.25　　　　　　　　　字　　数：200 千字
标准书号：ISBN 978-7-206-18463-5
版　　次：2021 年 9 月第 1 版　　　印　　次：2021 年 9 月第 1 次印刷
定　　价：59.00 元

P 前 言
reface

　　高校体育教育是提高大学生身体素质的重要途径，对我国教育事业的发展和创新人才的培养都起着关键作用。特别在竞争日益激烈的现代社会，高校体育教育不但肩负着增强学生体质，培养大学生良好心理素质和较强的社会适应能力的责任，还具有其他学科无法替代的学科优势。"以人为本""健康第一""终身体育"等新的教育理念确立和优化为体育教育的发展指明了方向，为促进大学生健康全面的发展提供了理论上的指导。大力发展体育教育事业，在改变传统教学理念的同时，更应该结合我国高校体育教育的发展情况更新理论体系，在体育教学内容、体育教学方法、体育教学模式、体育教学管理等相关方面实现全面的发展创新。

　　全书共分八章来对高校体育教育的理论发展进行深入探讨，第一章高校体育与教育部分主要对高校体育进行了概述，对体育锻炼与体能、体育健身与大学生身体发展进行了详细阐述；第二章高校体育教育基本理论，主要阐述体育教学的主要特征、原则及地位和作用；第三章对高校体育教育理念及发展对我国高校体育教育理念进行了深入分析，对其改革和创新进行了全面分析；第四章当代高校体育教学内容的建设与发展，主要对高校体育教学的内容理论、编排与选择、教学内容的发展等方面进行了详细论述；第五章当代高校体育教学方法的建设与发展对体育教学方法的相关理论体系构建、发展方面进行了阐释分析；第六章当代高校体育教学模式的建设与发展主要阐述了体育教学模式的基本理论，分析了体育教学模式的创新构建与发展；第七章当代高校体育教学评价的教学管理，除了有关体育教学评价知识的介绍和案例的分析，还针对评价的规范与落实、构建、发展等方面给出了相关建议。第八章当代高校体育教学管理和建设与发展分析了教学评估的风险和管理的构建与发展；全书注重理论与实践相结合，集系统性、科学性、新颖性于一体，内容全面翔实、理论研究科学严谨、语言描述准确、章节划分得体、结构体系完整，能够为当代高校体育教育理论与发展提供合理建议和科学性的指导。

　　本书在撰写过程中参考并引用了一些专家、学者的研究成果和相关资料，在此表示衷心的感谢。由于时间仓促，水平有限，不足和缺陷之处在所难免，恳切希望广大读者、专家批评指正。

作　者

2021 年 3 月

C目录
ontents

第一章　高校体育教育概述

第一节　高等学校体育概述

一、体育的概念与组成

（一）体育的概念

体育的本质属性是什么？概括地说，体育使人们有意识地用自身的身体运动，来增进健康、增强体质，促进人的身心发展的活动。以这一本质属性为内涵，体育的概念是：体育（广义）是指以身体练习为基本手段，为增强体质、提高运动技术水平、进行思想品德教育、丰富社会文化生活而进行的一种有意识的身体运动和社会活动，属于社会文化教育的范畴，受一定社会的政治经济的影响和制约，也一定为社会的政治经济服务。

（二）体育的组成

中华人民共和国成立以来，我国社会主义各项事业迅速发展，这不仅促进了学校体育的发展，而且也极大地推动了群众体育和竞技运动的迅速发展，并逐步形成了独立的体系，使社会主义体育事业在社会生活中越来越显示它的重要地位和作用。"体育"一词已不仅局限于教育范畴的狭义体育了，而是包括竞技运动和体育锻炼在内的一个总的概念体系。所以，广义体育是由狭义体育、竞技运动、体育锻炼三个基本方面组成的。狭义体育是与德育、智育、美育等相配合，增强体质，传授锻炼身体的知识、技术和技能，培养道德意志品质的一个教育过程。

二、体育的功能

体育的功能是指体育活动对社会进步和人类发展所产生的特殊作用和影响。随着社会生产力的快速发展，人们的生产劳动和日常生活方式也发生了根本性的转变，体力劳动减轻，对脑力劳动的要求相对提高。近年来人们的生活水平虽不断改善，但工作压力却越来越大，更多的人需要通过体育锻炼来强身健体、释放压力、娱乐身心。社会的强烈要求，极大地刺激了体育快速地向社会化深入发展，成为人类社会文化教育不可缺少的重要组成部分。体育在促进人体生长生育、挖掘和增强人的各种功能、培养人的道德品质、加强人与人的联系、繁荣和加快经济发展等方面起到重要作用。

（一）智育功能

学校体育通过各种各样的体育活动，可以促进学生的智力发展。体育锻炼能够促进学生神经系统的发育，这为智力开发奠定了生物基础。学校体育本身是一项创造性的活动，蕴含着丰富的开发智力、培养创造力的内容，对全面培养观察能力、广泛训练记忆能力、启迪诱导想象力和提高思维能力具有重要的作用。此外，有研究表明，运动有助于开发大脑右半球的功能，对发展儿童的直觉、空间转换、形体感知等形象思维及创造力具有重要的作用。学生进行系统的锻炼，加上合理的营养，可以使大脑获得更多的养分，从而进一步提高大脑的认识思维能力和脑细胞的反应速度，使其反应敏捷，扩散思维能力增强、对事物的观察判断更加准确。学校保证学生每天一小时的体育活动时间，对学生的智力发展有着积极的作用。

（二）德育功能

学校体育是德育的重要内容和手段，对学生的个体社会化过程和人格完善过程起着重要作用。学校体育可以培养学生的道德认识和信念，使学生的道德信念通过体育活动得到强化，并化为学生具体的道德行为。学校体育能有效地培养学生的个性和意志品质，如勇敢、顽强、对挫折和困难的承受力等，学校体育还可以培养学生的集体主义和爱国主义精神，以及责任感和荣誉感。这不仅是学校德育的重要内容，也是现代人所必备的重要素质。

（三）美育功能

学校体育是学校美育的重要与特殊的途径，这是因为运动的过程始终伴随着美。学校体育在塑造学生身体美的同时，伴随着行为美、运动美和心灵美，四者在运动实践中得到完美的结合。体育锻炼的这种塑造健美身体的作用是非常直接的。通过体育锻炼，能使学生身体匀称、姿态优雅、动作矫健，这既是健康的标志，也是人体美的表现。运动中的形体美、动作美、协调美、节奏美以及服饰美等都将给学生以强烈的美感体验，使其得到美的享受和情感的陶冶与升华。学校体育培养学生鉴赏美、表现美和创造美的作用是独特的、具体的，有着极强的实践性，这是一般学科所无法比拟的。不用说冰上芭蕾、花样游泳、体操等在优美的旋律伴奏下进行的各项运动，就是随便一个体育动作也是在对学生进行美的教育。

（四）健心功能

培养学生的健康心理，是各级各类学校教育，尤其是体育教育中一个非常值得注意的问题。紧张的工作生活和学习中的竞争，对人的心理有巨大的压力和影响，部分青少年的心理存在问题。体育教育可以培养学生乐观进取、积极向上的精神，可以使学生勇敢、坚定、果断，提高自控能力，可以协调人际关系，提高交往和协作能力。体育竞赛活动能使学生在平等条件下的竞争中，充分发挥各自的能力，不断进取。竞赛的结果，则是对学生正确对待成败观的教育，使学生能正确地对待失败与挫折，正确地认识自己，增强自信心，成为生活的强者。

（五）健身功能

体育锻炼是增进健康、推迟衰老、延年益寿的有效方法。通过锻炼可使血液循环加快、增强心脏的功能；可以改善大脑的供血状况，消除脑力劳动后的疲劳，使头脑清醒，思维敏捷；使呼吸肌增强，肺活量增大，肺功能提高；使肌肉粗壮结实、丰满有力；使骨骼坚韧，骨密度增厚，骨的抗弯、抗折能力增强；还可以提高人体的基本活动能力、对环境的适应能力和抵抗疾病的能力。如果长期坚持体育锻炼，人类的体质就会得到增强，健康水平就会不断提高。

三、高校体育的地位、目的和任务

（一）体育在高校中的地位和目的

体育是学校教育的重要组成部分，是培养德、智、体、美全面发展的社会主义建设人才的一个重要方面。因此，必须重视体育，并通过体育教育学生不仅要锻炼身体，而且还要了解德智皆寄予体育，健康的体魄是学习、工作的物质基础。根据体育本身的特点与作用和我国社会主义制度的要求，高校体育的目的是：增强学生体质，提高运动技术水平，为建设社会主义服务。体育的这一目的突出体现了体育的主要作用是增强体质，也反映了我国社会主义建设对体育的要求。

（二）高校体育的任务

1. 增进学生身体健康，增强学生体质，提高学生抵抗疾病与适应环境变化的能力，促进学生的身体全面发展

我国大学生年龄约在 17 至 22 岁，处于身体发育的后期。根据调查资料，我国城市男女青年身高均值最高年龄为 22 岁，这说明在大学阶段的学生身高仍在逐年增长。坚持体育锻炼，就能促进身体各器官、系统的正常生长发育。大学生的身体素质中，最基本的是力量和耐力。力量素质是发展其他素质的基础因素，一个人具有丰满结实的肌肉，就能保持正确的姿势和健美的体型，就能经受持久的体力劳动。所以，力量素质是人们劳动、生活和体型健美的基础。人们在日常生活和工作中，对肌肉的工作力量和耐力的要求是基本的，在体育锻炼中所发展的力量和耐力素质，可以直接转移到日常生活和学习工作之中。因此，在全面增强身体素质的同时，应着重发展力量素质和耐力素质。

2.激发学生参加体育锻炼的兴趣，使学生掌握体育卫生的基本知识和科学锻炼身体的方法，提高学生的体育文化素养与能力，培养学生良好的锻炼习惯与卫生习惯，为学生的终身体育锻炼奠定良好的基础

现代体育综合了生理、解剖、生物化学、医学、力学、哲学、心理、教育等自然科学和社会科学的知识，内容极其丰富。只有深刻认识了锻炼身体的意义和作用，才能激发锻炼身体的热情和锻炼的自觉性。人体的结构是一个复杂的整体，在大学阶段，要加深学习人体生理、解剖等方面的知识，掌握运动生理知识、运动技术和技能与锻炼身体的科学方法，并且把锻炼的自觉性和科学的锻炼方法结合起来，才能收到积极的锻炼效果。掌握了运动技术，才能形成爱好，进而养成习惯，终身受益。

3.提高部分学生的体育运动技术水平，为国家培养优秀的体育运动后备人才

现代大学生的国际交往活动频繁，努力提高运动技术水平以适应我国大学生参加各种国际体育竞赛的需要，是高校体育的一项战略任务。世界青年体育运动交往和比赛，不仅是身体素质和运动技术水平高低的比赛，在某种意义上也是各国的经济、科技、文化教育发展水平和民族精神面貌的比赛。组织运动队训练，提高运动技术水平，对发展我国体育运动，实现我国体育的宏伟目标有深远的意义。在高校广大青年学生中，有许多具备运动才能的体育人才，高校又具备较好的训练条件，完全有可能把我国大学生的运动成绩提高到国际先进水平，在国际体育竞赛中获得优异成绩。所以，高校应为振兴中华，为祖国争取荣誉做出更大的贡献。

4.陶冶学生的情操，锻炼学生的意志

培养学生的爱国主义和集体主义精神，增强学生的组织纪律性，提高学生的思想品质。体育对实现党的教育目标有着重要意义，由于体育的特点，它在完成教育的使命中可发挥特殊的作用。

四、高等学校体育工作基本标准

为落实立德树人根本任务，加强高等学校体育工作，切实提高高校学生体质健康水平，促进学生全面发展，根据国家有关规定，教育部制定了高校体育工作基本标准。此标准适用于普通本科学校和高等职业学校的体育工作。

（一）体育工作规划与发展

全面贯彻党的教育方针，服务立德树人根本任务，将学校体育纳入学校全面实施素质教育的工作中，认真执行国家教育发展规划、规章制度及各项要求。创新人才培养模式，使学生掌握科学锻炼的基础知识、基本技能和有效方法，学会至少两项终身受益的体育锻炼项目，养成良好锻炼习惯。

统筹规划学校体育发展，把增强学生体质和促进学生健康作为学校教育的基本目标之一和重要工作内容，纳入学校总体发展规划，全面发挥体育在学校人才培养、科学研究、社会服务和文化传承中不可替代的作用。

设置体育工作机构，配置专职干部、教师和工作人员，并赋予其统筹开展学校体育工作的各项管理职能。实行学校领导分管负责制（或体育工作委员会制），每年至少召开一次体育工作专题会议，有针对性地解决实际问题。学校各有关部门积极协同配合，合理分工，明确人员，落实责任。

加强学校体育工作管理，在学校体育改革发展、教育美学、教研科研、竞赛活动、社会服务等各项工作领域制定规范文件，健全管理制度，加强过程检测。建立科学规范的学校体育工作评价机制，并纳入综合办学水平和教育教学质量评价体系。

（二）课外体育活动与竞赛

将课外体育活动纳入学校教学计划，健全制度，完善机制，加强保障。面向全体学生设置多样化、可选择、有实效的锻炼项目，组织学生每周至少参加三次课外体育锻炼，切实保证学生每天一小时体育活动时间。

学校每年组织春、秋季综合性学生运动会（或体育文化节），设置学生喜闻乐见、易于参与的竞技性、健身性和民族性体育项目，参与运动会的学生达 50% 以上。经常组织校内体育比赛，支持院系、专业或班级学生开展体育竞赛和交流等活动。

注重培养学生体育特长，有效发挥体育特长生和学生体育骨干的示范作用，组建学生体育运动队，科学开展课余训练，组织学生参加教育和体育部门举办的体育竞赛。

加强校园体育文化建设，促进中华优秀体育文化传承创新。学校成立不少于 20 个学生体育社团，采取鼓励和支持措施定期开展活动，形成良好的校园体育传统和特色。开展对外体育交流与合作。通过校报、公告栏和校园网等形式，定期通报学生体育活动情况，传播健康理念。

因地制宜开展社会服务。支持体育教师适度参与国内外重大体育比赛的组织、裁判等社会实践工作。鼓励体育教师指导高校体育教学、训练和参与社区健身辅导等公益活动。支持学校师生为政府及社会举办的体育活动提供志愿服务。

（三）基础能力建设与保障

健全学校体育保障机制，学校体育工作经费纳入学校经费预算，并与学校教育事业经费同步增长。加强学校体育活动的安全教育、伤害预防和风险管理，建立健全校园体育活动意外伤害保险制度，妥善处置伤害事件。

根据体育课教学、课外体育活动、课余训练竞赛和实施《国家学生体质健康标准》等工作需要，合理配备体育教师，体育教师的年龄、专业、学历和职称结构合理，健全体育教师职称评定、学术评价、岗位聘任和学习进修等制度。

将体育教学、课外体育活动、课余训练竞赛和实施《国家学生体质健康标准》等工作纳入教师工作量，保证体育教师与其他学科（专业）教师工作量的计算标准一致，实行同工同酬。

体育场馆、设施和器材等符合国家配备、安全和质量标准，完善配备、管理、使用等规章制度，基本满足学生参加体育锻炼的需求。定时维护体育场馆、设施，及时更新、添置易耗、易损体育器材。体育场馆、设施在课余和节假日向学生免费或优惠开放。

第二节　体育锻炼与体能

一、体育锻炼应遵循的原则

体育锻炼是增进健康、增强体质最积极、有效的方法。体育锻炼不仅能使人更加健康，还能减少精神上和情绪上的压力，提高睡眠质量，并能促进青少年形成正确的姿态，塑造体型，矫正身体的畸形发展，达到健美的作用。体育锻炼是人们达到"健身、健心、健美"效果的最佳途径。体能是指人类进行各种体育活动而必须具有相应的走、跑、趴、攀、蹬等基本能力及极限能力。身体素质是体能的重要组成部分，体育锻炼的主要目的是改善与提高人的身体素质。

（一）正确选择锻炼方法

体育锻炼方法多种多样，目的不同，采用的方法、手段也不尽相同。有氧锻炼主要改善心血管系统、呼吸系统的功能。力量练习主要提高肌肉的工作能力。为了将动作做得更美，我们必须加强对灵敏性、协调性动作的锻炼。

（二）全面发展原则

体育锻炼追求的是使人体的形态、机能、各种身体素质以及心理品质等方面得到全面和谐的发展。人体是一个完整的有机体，各器官系统既相互影响又相互制约。局部机能的提高能促进机体其他部位机能相应得到改善。只有丰富体育锻炼的内容和方法，机体才能获得良好的整体效应。每个人应以一些功效大且有兴趣的运动项目锻炼为主，辅之其他项目进行全面锻炼，这样才能达到真正全面锻炼的目的。

二、发展速度素质

（一）发展速度素质的生理基础

决定反应速度的生理学基础主要表现为：感受器的敏感程度，即兴奋阈值的高低、中枢延搁、效应器的兴奋性。其中，中枢延搁又是最重要的。反射活动越复杂，历经的越多，反应也就越慢。反应速度还与中枢神经系统的灵活性与兴奋状态有密切的关系。此外，反应速度还决定于条件反射的巩固程度。随着动作技能的日益熟练反应速度变快。动作速度的生理学基础主要表现为：肌纤维的百分比组成及其面积；肌力；肌纤维兴奋度高时，刺激强度低且作用时间短就能引起兴奋；条件反射的逐渐巩固。位移速度的生理学基础主要表现为：大脑皮层运动中枢兴奋与抑制的转换速度；肌肉中快肌纤维的百分数及其肥大程度。提高各中枢间的协调性，能增快有关动作的速度，也能加大肌肉收缩的力量。

（二）速度素质的测试方法

速度素质有 30—60 米跑及 4—7 秒钟冲刺跑两种方法测定。30 米跑测量方法：受试者以站立式姿势起跑，听到起跑信号后即快速跑向终点。不得抢跑，犯规者重测。测验至少由两名测试者实施，一人组织发令，另一人计时和记录，测两次，取最佳成绩。4 秒冲刺跑测量方法：受试者可以用任何起跑方式，听到起跑口令后，迅速沿跑道快跑，当听到停跑哨声时，停止跑动。测验至少由两名测试者实施，一人发令兼计时，另一人则在跑道前方预等，并随受试者的远近而动，听到停跑哨音后，即记下受试者所跑的距离，测两次，以所跑的距离为成绩，取最佳成绩。除上述介绍的测验外，还可用 30 米途中跑、50 米途中跑和 6 秒钟冲刺跑来测验。

三、发展耐力素质

（一）提高耐力素质的要求与方法

耐力是指人体长时间内进行肌肉活动的能力。提高持续跑能力是发展人体耐力素质的关键。从运动生理学的角度来划分，耐力又包括一般耐力、肌肉力量耐力、速度耐力和静力耐力四类。其中，一般耐力是指人体进行一般工作的抗疲劳能力，如 1500 米跑；速度耐力是指人体在不太长时间内肌肉的快速运动能力，如 400 米跑；力量耐力是指肌肉长时间进行收缩活动的能力，如俯卧撑；静力性耐力是指肌肉在长时间内进行静力性收缩的能力，如蹲马步。根据耐力素质的特点，我们通常采用定量计时、定时计量和极限式三种形式来进行耐力素质的锻炼。定量计时是指受试者完成特定动作的时间作为区分优劣的测验。定时计量是指以受试者在单位时间内完成规定动作的次数来区分优劣的测验。极限式是指以受试者竭力完成规定动作或距离的测验。

（二）发展耐力素质的生理基础

（1）从呼吸系统来说，利用深呼吸等方法能导致肺通气量增大，提高氧耐力水平。

（2）影响有氧耐力的主要因素之一是血红蛋白的数量多少。

（3）每搏输出量的大小是衡量心脏功能的好坏又一因素，也反映了有氧耐力水平。

（4）肌组织进行的有氧代谢影响肌组织利用氧的能力。

第三节　体育健身与大学生身体发展

一、体育健身与大学生身体发展

（一）健康与身体发展

1.健康的定义

从古到今，健康与长寿始终是人类探求的主题。受传统观念和世俗文化的影响，人们往往将健康单纯理解为"无病、无残、无伤"。健康是指一个人在身体、精神和社会等方面都处于良好的状态。健康包括两个方面的内容：一是主要脏器无疾病，身体形态发育良好，体形均匀，人体各系统具有良好的生理功能，有较强的身体活动能力和劳动能力，这是对健康最基本的要求；二是对疾病的抵抗能力较强，能够适应环境变化、各种生理刺激以及致病因素对身体的作用。传统的健康观是"无病即健康"，现代人的健康观是整体健康。世界卫生组织提出，"健康不仅是躯体没有疾病，还要具备心理健康、社会适应良好和有道德"。因此，现代人的健康内容包括：躯体健康、心理健康、道德健康、社会适应能力等。

（1）躯体健康。通常认为"躯体健康"就是人体生理健康，指人体结构的完整和生理功能正常，具有良好的健康行为和习惯。这是其他健康的基础。从外表看为"体格健壮，精力充沛"，从生理指标看即表现为常用的几个指标，如心跳、脉搏、血压、肺活量等正常。但是由于年龄段不同、性别不同、地域差异、民族情况以及不同职业间的差别，躯体健康的指标都会有所不同。因此，目前的躯体健康只能是粗线条的，主要参照以下两方面：

①体能是一种能满足生活需要和完成各种活动、任务的能力。主要通过体育锻炼和体力活动而获得。具备这种能力，就可以预防疾病，提高生活质量。

②智力健康是指智力正常，具备思维的认知能力，能够准确地用语言和文字表达自己的思想，描述不同的事物，并能对不同的人与事物做出分析与判断，在长期的学习和生活中，大脑始终保持活跃状态。有许多方法可以使大脑活跃、敏捷，如听课、与朋友讨论问题和阅读报刊书籍等。努力学习和勤于思考还能使人有一种成就感和满足感。

（2）心理健康。心理健康，是现代人健康不可分割的重要方面。那么，什么是人的心理健康呢？人的生理健康是有标准的，一个人的心理健康也是有标准的。不过，人的心理健康标准不及人的生理健康标准具体与客观。了解与掌握心理健康的定义对于增强与维护人们的健康有很大的意义。当人们掌握了衡量人的心理健康标准，就能以此为依据对照自己进行心理健康的自我诊断。发现自己的心理状况某个或某几个方面与心理健康标准有一定距离，就可有针对性地加强心理锻炼，以期达到心理健康水平。如果发现自己的心理状态严重地偏离心理健康标准，就要及时地求医，以便及时诊断与早期治疗。

心理健康是指一种持续且积极发展的心理状态，在这种状态下，主体能做出良好的适应，并且充分发挥其身心潜能。心理健康教育是"新健康教育"的一个重要组成部分，它是以培养身心健康的社会公民为目的，通过运用健康管理的方法，以校园环境、功能环境的改善为主，与人文环境的改善相配合，以老师和学生为两个主体，提供科学、健康、专业的指导。"新健康教育"在学校建设了专门的健康指导室（心理咨询室），配备专业的心理咨询师，以开设心理课程和开展课外活动等方法引导学生的健康心理发展。同时，开设"亲情聊天室"，为亲情的连接打开通道，为学生们的健康成长铺就一条畅途。

心理健康是形成健全人格的重要基础。它应以一个人的整个行为以及他对整个客观世界的适应性作为观察、评估心理健康的基础，不能孤立地观察或只是重视某一方面的症状和表现。

心理健康主要包括两个方面：情绪健康和精神健康。情绪健康指应对日常生活中人际关系和环境压力的能力。情绪涉及我们对自己的感受和对他人的感受，情绪健康的主要标志是情绪的稳定性，所谓情绪稳定性是指个体适应日常生活的人际关系和环境压力的能力。生活中偶尔情绪高涨或情绪低落属于正常，关键是在生活的大部分时间里要保持情绪稳定。精神健康对于不同宗教、文化和国籍的人意味着不同的内容，主要包括理解生活基本目的的能力以及关心和尊重所有生命的能力，属于心理的高层次范畴。

心理健康的标准包括：有适度的安全感，有自尊心，对自我的成就有价值感；适度地自我批评，不过分夸耀自己，也不过分苛责自己。在日常生活中，具有适度的主动性，不为环境所左右。理智、现实、客观，与现实有良好的接触，能容忍生活中的挫折与打击，无过度的幻想。适度地接受个人的需要，并具有满足此种需要的能力。有自知之明，了解自己行为的动机和目的，能对自己的能力作客观的估计。能保持人格的完整与和谐，个人的价值观能适应社会的标准，对自己的工作能集中注意力。有切合实际的生活目标。具有从经验中学习的能力，能适应环境的需要改变自己。有良好的人际关系，有爱人的能力和被爱的能力。在不违背社会标准的前提下，能保持自己的个性，既不过分阿谀，也不过分寻求社会赞许，有个人独立的意见，有判断是非的标准。

（3）道德健康。道德健康主要是指不以损害他人利益来满足自己的需要和有辨别真假、善恶、荣辱、美丑等是非观念。人在社会生活中，每个人都会感受到，一个社会的全体成员、一个团体的全体成员的道德修养，与调整人与人之间的和谐、友好的关系，改善社会风气，促进人们的身心健康有着很密切的关系。人类的道德规范产生于人类的社会生活，一个在社会生活中遵循道德规范的人应该说这是他道德健康的体现。道德健康教育是"新健康教育"的一个重要组成部分，它以培养道德健康的社会公民为目的，通过运用系统管理的方法，以人文环境的改善为主，校园环境、功能环境的改善相配合，运用知识教学与环境塑造相结合的方式，注重从思想上与行为上培养高尚的道德修养。"新健康教育"配备专业的老师在学校举办道德健康讲座，开展各项活动普及法律知识，让学生们通过爱自己、爱父母、爱同学、爱老师，逐步升华到爱集体、爱家乡、爱祖国，在切身行动中加强道德观念修养，养成良好的道德行为习惯，成为道德健康的人。

（4）社会适应能力。社会适应能力是指人为了在社会更好生存而进行的心理上、生理上以及行为上的各种适应性的改变，与社会达到和谐状态的一种能力。个体在遇到新情境时，一般有三种基本的适应方式：解决问题，改变环境，使之适合个体自身的需要；接受情境，包括个体改变自己的态度、价值观，接受和遵从新情境的社会规范和准则，主动地做出与社会相符的行为；心理防御，个体采用心理防御机制掩盖由新情境的要求和个体需要的矛盾产生的压力和焦虑。

2.影响健康的因素

影响人类健康的因素是十分复杂的，大致可分为两大类：一类是有利于健康的因素，称为"健康促进因素"；另一类是不利于健康的因素，它是可以直接或间接地招致疾病或死亡，或可使发生疾病或死亡的可能性增加的因素，称为"健康危险因素"。世界卫生组织提出："健康不是基本人权，而是自我责任，现代健康观应该是学会自我医疗与自我保健。"因此，现代健康应包括健康教育、健康保护、健康促进，提倡自我保健，要求人们把注意力由偏重于治疗（并非治疗不重要）转向积极地预防和保健，由依赖医生转向由自己把握健康。

影响人体健康的因素究竟有哪些？随着医学模式和健康观的转变，从社会医学和预防医学的"大卫生观"出发，一般将影响人体健康的因素分为下列四大类。

（1）生物学因素。生物学因素对健康的影响包括生物性致病因素、心理因素、遗传因素三个方面。生物性致病因素是指感染到病菌病毒、螺旋体、立克次体、衣原体和支原体等病原微生物或感染寄生虫而引起的疾病。随着预防医学的发展和诊疗技术的提高，生物性因素致病概率在不断下降，治愈率在不断提高，因此其对健康的危害正在退居次要地位，而随着市场经济带来的压力增加，加上医学模式的转变，心理因素的致病作用越来越被人们所认识和重视。今后，心理性问题和精神疾病对人类健康的危害将会进一步显现。

遗传因素对健康的影响分为遗传性疾病和体质遗传两个方面。前者是指遗传缺陷性疾病，如血友病、白化病和有遗传倾向的疾病如高血压、糖尿病及某些肿瘤等；后者是指体质机能，如胖瘦等，是通过后天的营养和运动等可以改变的。有遗传倾向的疾病也可通过改良生活方式及行为达到预防或延缓发病年龄的目标。

（2）环境因素。环境因素是指围绕着人类空间及其直接或间接地影响人类生活的各种自然因素和社会因素之总和。人类环境强调人体与自然环境和社会环境的统一，强调健康、环境与人类发展问题不可分割。

（3）行为和生活方式因素。行为和生活方式因素指因自身不良行为和生活方式，直接或间接给健康带来的不利影响。

（4）卫生保健因素。卫生保健包括预防服务、治疗服务、康复服务等几个方面，是指促进及维护人类健康的各类医疗、卫生活动，它包括医疗机构所提供的诊断、治疗服务，也包括卫生保健机构提供的各种预防保健服务。一个国家医疗卫生服务资源的拥有、分布及利用，将对其人民的健康状况起重要的作用。

随着社会的发展，人们健康观的转变以及人类疾病的不断变异，人类行为和生活方式对健康的影响越来越引起人们的重视。合理、卫生的行为和生活方式将促进、维护人类的健康，而不良行为和生活方式将严重威胁人类的健康，甚至导致一系列身心疾病。

（二）体质与身体发展

1.体质的概念

"发展体育运动，增强人民体质"作为新中国体育事业发展的方针，一直指导着我国体育事业的发展。但对于体质，体育界一直没有明确定义。直至1982年，中国体育科学学会体育体质研究分会对体质下了一个权威定义：体质，是人体的质量，它是在遗传性和获得性基础上表现出来的人体形态结构、生理功能和心理因素的综合的、相对稳定的特征，是人体在先天遗传的基础上和后天环境的影响下，在生长、发育和衰老的过程中逐渐形成的身、心两方面相对稳定的特质。遗传是人的体质发展变化的先天条件，对一个人的体质强弱有重要影响，如机能、体形、性格等，都与遗传有关。后天因素，如环境、营养、体育锻炼等条件，也与体质强弱有密切关系。体质在人的不同发展时期及年龄段具有明显的差异性和阶段性。不同人的体质差异表现在形态发育、生理机能、心理状态、身体素质、对环境的适应及对疾病的抵抗能力等方面。同时，在人的生命活动的各个阶段，从幼儿、儿童、青少年到中老年，体质状况不但具有某些稳定特征，而且在发展过程中表现出阶段性。

2.体质的内容

体质通常包含身体的形态发育水平、生理功能、身体素质和运动能力、心理发育水平及适应能力5个方面。

（1）身体的形态发育水平，即体格、体型、姿势等。常用测试的指标主要包括身高、坐高、体重、胸围、腰围、臀围、皮褶厚度等。身高是反映人体骨骼生长发育和人体纵向高度的主要形态指标，它与体重等指标的比例关系可以反映体型特点；体重是反映人体横向生长的整体指标；胸围可以表示胸廓大小和肌肉发育状况，是人体宽度和厚度最具代表性的指标；腰围不仅可以反映体型特点；保持腰围和臀围的适当比例还对成年人的健康及寿命有重要意义。

（2）生理功能，即机体新陈代谢水平及人体各器官、系统功能。测定的主要指标有脉搏（心率）、血压和肺活量等。脉搏、血压是检查人体心血管功能的简易指标；肺活量能反映肺的容积和肺的扩张能力。

（3）身体素质和运动能力，即速度、力量、耐力、灵敏、柔韧等素质和走、跑、跳、投、攀爬等运动能力。例如，50 米跑反映了速度素质，即人体快速奔跑的能力；1000 米跑反映了耐力素质，即较长时间的奔跑能力；立定跳远主要反映下肢肌肉爆发力和弹跳能力。

（4）心理发育水平，即本体的感知能力、个性、意志等。

（5）适应能力，即对内外环境的适应能力和对疾病的抵抗能力，它反映了人体在适应自然环境和社会环境中所表现出来的机体能力。

以上 5 个方面相互依存、相互影响和相互制约，决定着人们的不同体质水平。一方面，身体形态发育水平和生理功能构成了体质的基础，身体素质和运动能力、适应能力及心理发育水平是体质的外在表现。一定的形态结构和生理功能表现出某种身体素质、运动能力及心理状况。另一方面，通过提高身体素质和运动能力，使与机体相对应的生理功能和身体形态结构也会发生一系列变化，这些变化是与机体外在环境改变相适应的。同时，提高身体素质和运动能力的过程对人的心理也会产生一定影响，从而促进大学生个性、心理良性发展。

3.优质健康的标准

（1）身体发育良好。人体的生长主要表现在身体上的变化，而发育则是指人体各器官系统在形态和机能上的变化。人体生长、发育受遗传、营养和自然生长的影响，但体育锻炼能够加速这个过程并使之更加完美。据统计，经常参加体育锻炼的青少年要比不参加体育锻炼的青少年身高高出 4—8 厘米。体形的健美主要表现为身体健壮、匀称和谐、比例协调。此外，健壮的体格还是发展体能的基础。

（2）精神状态良好，生命力旺盛。精神健康是衡量体质的一个重要方面。精神状态对身体健康有重要影响。一个人精力充沛，生命力旺盛，他的精神状态也会很好。

（3）机体适应能力较强。长期在各种条件下进行锻炼，能改善机体体温调节的机能，提高机体对自然环境的适应能力；同时由于体育运动能促进血液循环，加速新陈代谢，提高造血机能，因而就提高了对疾病的抵抗能力。因此，大学生要有意识地在各种条件下进行运动，使身体能较好地适应各种环境。

（4）体能全面发展。体能是指机体在身体活动中表现出来的能力，它的发展与提高身体机能的过程是一致的。例如，发展了耐力素质，会使心血管系统、呼吸系统和肌肉的工作持久力都得到发展，所以，身体素质好的人，身体的基本活动能力就强。教育部颁布的《国家学生体质健康标准》（2014年修订）中规定了衡量各项身体素质的标准。值得注意的是，锻炼中要注意体能的全面发展，不能偏废。

（三）影响身体发展的基本因素

1.遗传因素的影响

遗传是人体生长发育产生变化的主要原因，是人类和其他生物体共同具有的生物特征之一，各种生物都是通过生殖产生子代的。子代和亲代之间，在外貌、体态、性格、气质和生理机能等方面都很相似，这种现象叫遗传。遗传的物质基础是基因，基因的最主要成分是脱氧核糖核酸（DNA），正是由于亲代把具有自己特征的DNA传给子代才使子代获得与亲代相同的遗传性状。遗传性是生物体的一种属性，它使人体生长发育获得了物质基础，具备了人体生长发育所需的条件。关于人类遗传的研究证明，人与人之间存在着遗传素质的差异，这种现象既存在于群体之中，也表现在亲代和子代之间，是一种生物体的变异反应。世界上不存在完全相同的人体，正常子女的身高、容貌在很大程度上取决于父母，但又不完全像。同一母亲所生子女，甚至孪生兄弟也各有不同之处，如肤色、身高、体重、身体素质、运动能力、智力、气质、性格、身体的基本活动能力及寿命等方面都具有不同的遗传性。这是遗传性的变异，是生物体发展的基础。遗传和变异是生命运动中的一对矛盾，这对矛盾既对立又统一：遗传是相对的、保守的，而变异是绝对的、发展的。正因为人体有遗传性，后代才能继承前代的性状，才保持了人类相对稳定的特性。而变异能使人体产生新的适应性变化。因此，遗传和变异是人体发展变化的基本规律，也是生物进化的主要动力，有变异才会有人类的发展。

人类存在着种族和血缘的关系。遗传是大学生身体发展、变化的先天条件，遗传基因对大学生身体形态、机能、肤色、气质、性格及健康、寿命均有影响，这是由于亲代的遗传基因（DNA）或称"遗传密码"在数目上、顺序上和排列方式上的一致性向后代传递的结果。然而，亲代之间遗传基因的排列和组合也存在着变异的现象，所以子女往往跟父母有所不同。这种变异形成生物体发展进化的基础。正确地掌握遗传与变异的规律，运用优生学原理，可使亲代之间的优越因素繁殖传递，从而改善后代的先天素质。

2. 环境因素

适宜的环境可以使遗传因素得到充分的发展，还能使某些遗传方面的缺陷受到抑制和弥补。人类生活在自然环境、社会环境、家庭环境中，这些环境对人体发展起着主要作用。但是，起决定作用的应是社会环境，这个环境是人类生活的物质条件。

（1）社会环境。一个国家经济发展水平和物质文明、文化教育、医疗卫生制度等因素构成的社会环境，是决定大学生群体生长发育和体质状况的重要因素。例如，营养水平是社会物质生活条件的重要指标，长期营养不良，会导致体质水平的下降。从我国历年来对大学生体质调查情况看，合理的营养、良好的人文环境和社会制度、健全的医疗保健制度等是增强体质的有效保证和关键因素。

当今社会，人才的竞争非常激烈。这种机遇和挑战，既给大学生带来动力，也给他们造成巨大的压力。激烈的竞争，使大学生担心学业、毕业和就业，让他们产生极大的心理压力和精神负担；勤工俭学、复杂的社会工作也给他们的躯体和精神带来疲劳感。

人类社会为人们提供了生存和发展的物质保障，人们如果离开这些物质条件就难以生存下去。人的知识、才能、形态、机能等只有在人类社会环境中才能形成和发展。一个国家的社会制度、环境、物质生活条件、社会的经济状况及政治、经济文化等方面，对人体的发展有很大的影响。社会经济落后，物质生活贫困，必然导致人的体质下降。长期的营养不良，会使儿童和青少年生长发育迟缓，体重减轻，青春期的增长幅度减少，造成人体免疫力降低。社会经济的发展，物质生活条件的改善，能促进人的生长发育，增强人的体质，延长人的寿命。

社会适应是每个大学生都应该具备的一项重要能力，它所表示的是个人或群体与社会环境之间的积极地互相沟通的关系，具体是指个人或群体在与社会环境相互作用的过程中通过不断调整自己的身心状态，从而使自己与社会环境相互协调、和谐。大学生的社会适应，主要是指大学生离开高校进入社会后，通过个体与社会环境的协调而达到的与社会和谐统一的状态。

（2）自然环境。人类的生存依赖于自身所处的自然环境，所以自然环境对其健康产生直接或间接的影响。自然环境是指天然形成的水、空气、土壤、阳光等生存系统，它们是人体生存的物质基础。良好的自然环境与人体保持着一种平衡关系——生态平衡，对人体健康有促进作用。但由于地理或地质等原因，有些地区的土壤或水中富含或缺少某种元素，使当地居民体内某种微量元素过多或过少，造成地方病。

如何处理好环境保护与防止污染的问题已成为当今世界各国政府和人们所关注的重要问题，各国都已采取了有关措施，如保护臭氧层、重视净化自然环境设施的建设、保护生物、维持生态平衡等。作为大学生更应加强环保意识，爱护一草一木，注意环境卫生，为营造良好的生态环境做出积极贡献。

（3）家庭环境。大学生来自社会各阶层的不同家庭。家庭成员的人生观、世界观、价值观及他们的思想作风、生活方式等因素都会给学生的身心健康带来影响。良好的家庭环境对塑造孩子健康人格具有积极的作用和深远的影响。因此，作为合格的父母，要注重孩子的全面健康，促进健全人格的建构。

3. 心理健康因素

心理活动是受中枢神经系统支配的，它与生理活动有着不可分割的联系。因此，心理状态的好坏必然影响躯体的健康。对人体心理健康构成影响的因素主要有两种：一种是消极情绪，如焦虑、怨恨、忧郁、愤怒、恐惧、悲伤等，会给大脑皮质带来恶性刺激，出现心跳加快、血压升高、失眠、食欲减退、尿急、月经失调等症状，造成机体的抵抗能力下降，各种生理功能失调。《黄帝内经》中早就提出"怒伤肝、思伤脾、忧伤肺、恐伤肾"，说明消极情绪会给人体的健康带来不良的影响。另一种是愉快情绪，如希望、快乐、豪爽、和悦等，愉快的情绪会给人带来安宁幸福、健康和长寿。同时，良好的情绪会通过神经系统和内分泌系统改善人体其他器官系统的活动，协调各器官系统的关系，充分调动人体的潜在能力，从而起到保护和促进人体健康的作用。心理健康的标准是一个不确定的衡量指标。心理健康的人一般具有正常的智力和逻辑思维、积极稳定的情绪、坚强的意志、良好的性格、应激反应适度、心理与行为相协调等特征。心理健康大体表现在以下几个方面。

（1）完善的自我意识。人对自身的认识和评价叫作自我意识，在心里确定"自我"的形象判断，它反映个人对自己的态度，是心理健康的重要过程。人是在个人与现实环境的相互关系中，在个人的实践活动中来认识自己的。一般正常的人对自己的认识，即关于"自我"的形象判断，是比较接近现实的，即所谓有"自知之明"。在认识自己的同时，要有相应的评价伴随着某些情绪体验，如对自己的长处和优点感到欣慰而产生的自豪感，又不至于狂妄自大；同时对自己的弱点、缺点既不回避迁就，也不感到不可容忍和自暴自弃，而是持积极的态度来对待自己。这被称作"自我接纳"。大学生在入学不久就要经历一次自我观察、自我认识、自我判断和自我评价的过程，在接受那些不可避免而又令人不安的现实过程中，在不断调整"现实我"与"理想我"的差距中得到自我观念的完善，建立起明确的自我意识。

（2）良好的人际关系。良好的人际关系是与别人交往的必要条件，也是衡量心理健康的标志。心理健康的人都有正常的交往活动，没有人天生喜欢孤独，长期的离群索居，会使人性格孤僻。性格孤僻者一般不愿主动与人交往，缺乏彼此间的交流，这不仅影响集体间交往的效果，更影响个人活动的积极性和学习效率。良好的人际关系的建立有赖于对自己、对他人及两者之间关系的正确认识和评价。个体在集体中能有一种稳定感和归属感，从而增强自信心和克服困难的能力。能"接纳自我"，又能"接纳别人"，才能与别人友好相处，达到人际关系的和谐。只有懂得怎样尊重别人的人才会得到别人的尊重。在现实生活中，不论是现代化大工业生产、科研或是一般社会工作都需要协同合作，良好的人际关系往往是成功的重要保证。

（3）健康的性心理。性心理的形成是人体发育成熟的重要标志之一。健康的性心理是受理智控制和调节的，是区分人类和其他动物的重要标志；是受社会环境和道德规范约束的，失去约束就是病态心理。

（4）社会适应正常。能够正视社会现实，既要进行客观观察以取得正确认识，以有效的办法应付环境中的各种困难，不退缩，又要根据环境的特点和自我意识的情况努力进行协调，或改变环境适应个体需要，改造自我适应环境。

（5）情绪健康。能够经常保持情绪稳定和心情愉快，具体包括：愉快情绪多于负性情绪，乐观开朗、富有朝气，对生活充满希望；情绪较稳定，善于控制与调节自己的情绪，既能克制自己又能合理宣泄自己的情绪；情绪的表达既符合社会的要求又符合自身的需要，在不同的时间和场合有合适的情绪表达；情绪反应与环境相适应，反应的强度与引起这种情绪的情境相符合。

（四）健身锻炼对大学生身体发展的促进作用

1. 健身锻炼促进大学生身体发展的原理

（1）身体锻炼的生物进化论机制。不言而喻，身体锻炼对人类的进化过程起着积极有效的作用。身体锻炼不仅可以使人们有目的地医治直立姿势带来的种种身体缺欠，弥补生产劳动给身体造成的片面发展，补充现代生产方式和生活方式造成的运动不足，使那些处于"饥饿"状态的肌肉得到营养和活力，使人的机体能力得到扩展，而且身体锻炼可以用于人类进一步实现自己的进化，控制自己的进化和发展自己的进化。关于进化论的理论，有达尔文和拉马克两个学派，即"自然选择"和"用进废退"两种进化理论。身体锻炼与人类进化的关系在这两种理论中都可以得到合理的解释。对人类总体而言，身体锻炼提供了一种"自然选择"的方式。它为人类身体的汰劣留良、发展进化、遗传变异提供了外部条件，使人类能逐代健康地繁衍下去。对每个发育着的个体而言，由于"用进废退"的原理，身体锻炼能使个体的运动器官及辅助运动器官、工作器官和其他器官得到相应的发展，如肌肉体积、重量的增长，骨骼的增长，皮肤的加厚等。器官的用进废退是生物进化过程中的一种保护性反应，它能使生物和人有效地适应外界环境。

（2）身体锻炼的防治疾病机制。人体的生命活动过程中，机体与外界环境，体内各系统器官间的活动既对立又统一，不断地维持动态平衡进而影响健康和劳动能力，这就称为患病。

疾病的发展过程是损伤和抗损伤这一对矛盾的斗争过程。致病因子作用于机体后，一方面引起机能、代谢和形态结构上的各种病理性改变，同时引起机体对抗各种损伤的反应。疾病过程中损伤与抗损伤的对比关系决定着疾病的发展方向。如果损伤占优势，病情恶化，甚至导致死亡。反之，如果抗损伤反应占优势，则疾病就向有利于机体恢复正常功能的方向发展，直至痊愈。

2. 健身对大学生身体发展的作用

体育锻炼对青少年身心的发展具有独特的、多方面的功能，它的实际效果超出了增强体质的作用，有促进青少年身心协调发展的全面效应；它也超出了学校教育的范畴，具有广泛的社会价值；也超出了学生时代的时间界限，具有终生的意义。

（1）健身运动能增强大学生的运动系统功能。运动系统主要由骨、软骨、关节和骨骼肌等组成，其主要功能是起支架作用、保护作用和运动作用。人体的运动系统是否强壮、坚实、完善，对人的体质强弱有重大影响。例如，骨骼和肌肉对人体起着支撑和保护作用，它不仅为内脏器官，如心、肺、肝、肾以及脑、脊髓等的健全、生长发育提供了可能，而且能保护这些器官使之不易受到外界的损伤。骨、软骨、关节、骨骼肌是人体运动器官，骨的质量，关节连接的牢固性、灵活性，肌肉收缩力量的大小和持续时间的长短等，在很大程度上决定人体的运动能力。青少年经常从事体育锻炼，能促进骨的生长，使骨骼增长、横径变粗，骨密度增大，骨重量增加。经常锻炼，也能使肌纤维变粗，肌肉横断面积加大，肌肉收缩能力和张力增强，从而不断提高肌肉的力量和耐久力。据测定，一般人的肌肉重量约占体重的40％，而经常锻炼的运动员的肌肉重量可达体重的45％至50％。体育锻炼也是调节体重的重要因素，可使其身体成分明显改变，改变程度视训练强度和时间而异。研究人员观察34名每天坚持锻炼的青春期女孩，发现5个月后其瘦体重显著增加，脂肪量相应减少，体重却变化不大。研究人员对11岁至18岁男孩进行长达7年的追踪观察，发现他们的运动强度不同（每周分别运动6小时、4小时、2.5小时），瘦体重增加也不同，且两者之间有显著的相关性。身高、体重、胸围是衡量青少年身体发育水平的主要指标。国内外的学者曾通过横剖面调查和追踪调查，取得了许多数据资料，发现经常坚持体育锻炼的青少年的身高、体重、胸围的增长幅度，一般高于不经常锻炼的青少年。这说明，体育锻炼对于人体的肌肉、骨骼系统的发育起着良好的促进作用。

（2）健身运动能改善大学生的神经系统功能。人体是一个整体，主要由神经系统统一控制、协调全身各器官的活动，包括思维、生理功能和行动。神经系统包括中枢神经和周围神经。中枢神经是全身的指挥中心，处于统帅地位。它由大脑、小脑、脑干和脊髓等组成。从脑和脊髓发出的周围神经分管着全身不同的功能。人体各器官系统在神经和神经体液的协调下相互制约，维持生命的正常活动。在体育锻炼时，好像只是肌肉在活动，如跑步时，从表面上看，只是腿部肌肉在收缩，双手在摆动，但此时心跳已经加快，血液流动加速，呼吸变得急促等，这些都是身体内环境的变化。从外环境来说，气温、场地、观众以及比赛的对手等因素，都对机体产生影响。神经系统对内外各种复杂因素引起的变化，都需要做出迅速而正确的应答，体育运动需要有一个完善的、反应敏捷的神经系统的指挥。反之，体育锻炼也增强了神经系统的指挥协调能力，能更好地适应各种环境，改善某些器官功能上的缺陷，促进并提高各组织器官向更高、更强、更完善的生理功能发展。保护和提高神经系统的指挥协调功能，最好的方法是加强锻炼。了解神经系统的功能和活动规律，能使我们对体育锻炼更富于理性认识，从而增强对身体锻炼的积极性、自觉性和目的性，做到持之以恒。

体育运动对人体的各个系统都有良好的作用，是日常生活中不可缺少的部分。在儿童、少年、青年时期，它可以促进人体的生长发育；在壮年时期，它可以使人们保持充沛的精力与体力，不至于使机体发生早衰现象；到了老年，它可以防止人体细胞过早退化，使我们的生活充满活力，有利于培养乐观的情绪。在运动时人们排除一切忧虑，这对于各个内脏器官和整个机体的新陈代谢有良好的作用。

（3）健身运动对消化系统生理功能的影响。消化系统包括消化道和消化腺两大部分。消化道从口腔、咽、食管、胃、小肠直至大肠。消化道是食物被消化、吸收及排泄的通道。消化腺包括唾液腺、肝脏、胰腺以及整个消化管壁内的许多小腺体。消化腺分泌各种消化液，将食物分解、消化，然后由消化道吸收其有用的成分，排出糟粕。

体育锻炼时，肌肉活动明显加强，需要充足的能量供应，要求消化系统加强活动，分泌更多的消化液；运动促进胃肠血液流动，有利于吸收更多的营养物质供机体利用。所以，在体育活动的影响下，胃肠功能得到了进一步加强和改善。锻炼后，身体消耗了许多能量，迫切需要得到补充，这时人们常常会有饥饿感，食欲明显增加，消化和吸收功能会明显加强。长期坚持锻炼，偏瘦的人体重会逐渐增加，肌肉会逐渐增大。对有消化不良、胃肠功能紊乱者，锻炼也会起到作用。

（4）健身运动对心理和睡眠的影响。睡眠是一种复杂的生理和行为过程。经过睡眠后，神经系统的机能可得到最大限度的恢复。高质量的睡眠可以起到调节心情、延年益寿的作用。人人都需要睡眠，人的一生大约有1/3的时间是在睡眠中度过的。睡眠就像水和空气一样，是人类生命活动所必需的基本生理、心理过程，是人体必不可少的。睡眠不是简单觉醒状态的终结，而是不同生理、心理现象循环往复的主动过程。人体睡眠和觉醒的交替与昼夜节律相一致，这种昼夜节律的变化是人体生物钟体系的重要功能之一。在睡眠中人的大脑仍然在活动，其身心活动仍保持一定的水平，正常的睡眠时间和节律与人体生理及心理健康关系密切，是反映身心健康的重要标志。运动锻炼有效地改善了人体的睡眠质量，增加了人们的社会交往，增强了对生活的适应感、信心感、快乐感和道德修养，消除和减轻了抑郁、紧张、焦虑、易激惹、敌对等情绪障碍，使运动者对生活充满自信心和乐趣，进而提高了人体的身心健康水平和生活质量。

第二章 高校体育教育基本理论

第一节 体育教学的主要特征

一、身体参与的直接性

体育教学的根本目的是增强学生的体质，其教学本质就是通过肌肉群的运动，促进学生身体机能的发展，从而增强学生的运动技能。这就决定了体育教学这门课程需要通过反复的教授和实践，让学生掌握锻炼的方法。直观地说，就是通过肌肉的感觉将信息传递到中枢，然后经过反复的条件刺激，建立起条件反射，最终经过分析、总结，使学生达到对某种技能的理性认识，并且掌握某项体育运动的技能。因此，体育教学的特点之一就是身体参与的直接性。身体参与的直接性主要表现在两个方面：第一是教师身体参与的直接性，因为有些体育运动需要教师亲身示范，这是体育教学中最常见的一种教学方式；第二就是学生身体参与的直接性，按照教师的示范，通过亲身参与，进行反复尝试和练习。

二、运动知识传承的可操作性

体育运动知识指的是身体知识，这一点也是体育运动同其他学科相比最为明显的差异之处。同时也是人们对自然外部知识的追求逐渐向人体内部知识进行转移的结果，更是一种面向人类本体、人类本身与人类自我的挑战。

现阶段，教育界对于学生的主体性地位给予了肯定与重视，而这样对人类自我知识的再度追求，不仅仅对高校体育教学的特殊性进行了展示，同时还使得高校体育教学具有了传承知识的重要意义。从这个角色上来讲，高校体育教学并不是传统意义的，而是对身体知识的传承，而身体知识是一种能够实现人类自身感觉真正回归的知识，并且也是科学知识的一种，只是人们没有发现这种知识的重要性而已。可以想象的是，这类知识在未来肯定会受到人类的广泛认可、关注，并能够在人类身心健康的相关研究中被广泛应用。

三、教师与学生身体活动的频繁性

在高校体育教学开展的过程中，教师需要不断对运动项目的动作进行示范、指导与反馈，这主要是因为身体知识来源于身体的不断实践与操作，同时对于学生而言，也需要身体的操作和体验。如果想要学习、掌握运动技能，就需要反复地进行身体的操作和演练。因此，在体育课堂教学开展的过程中，教师和学生身体活动会比较频繁，学生不仅有身体的强烈活动，还有运动体验的欢快情绪。

四、学生身心合一的统一性

体育从本质上来讲，就是改造人自身的过程，强调生理机能和形态结构统一的同时，还强调身心的和谐发展。高校体育教学活动开展的过程不仅要追求体育文化的传承，还要使学生的身体改造得到一定的促进，同时还要使学生的心理素质与社会适应能力得到强化。高校体育教学开展过程营造了许多生动的情境，这一点也是其同智育教学间的差异之处，为学生心理素质的发展与社会适应能力的提高创造了良好条件。

所以，高校体育教学过程同辩证唯物论的观点是相符的，讲究身心发展的统一性。身体发展是基础，而身体的发展支持了心理发展，同时心理的发展还能够对身体的发展起到促进作用。高校体育教学开展过程中身心合一的统一性，主要体现在以下三个方面。

（1）高校体育教学内容要注重对学生各种能力和素质的培养，注重心理与社会的适应性培养，符合社会学和心理学等方面的要求。

（2）体育教师的教学方法和教学组织必须要与学生的身心发展规律相符，在动作与休闲的反复交替过程中，使学生的健身目的得以实现。练习活动与休息在一定的范围内合理地交替进行，因此，学生的生理机能变化会以一条波浪式曲线呈现出来。

（3）体育课程教学同学生的年龄特征与心理特征也是相符的。学生的心理活动所呈现出来的曲线图像是高低起伏的，而这种生理、心理负荷的波浪式曲线变化规律，使高校体育教学的鲜明节奏性与身心统一性、和谐性得到展现。

所以，体育教师在对各种教法与组织进行安排的过程中，应该充分考虑学生的心理特征，只有这样才能够使学生的身体发展得到促进，使学生的兴趣爱好与积极性得到有效激发，进而促进高校体育教学功能的有效发挥。

五、体育教学过程的直观形象性

体育课程教学开展的各个过程，都对鲜明的直观形象性进行了体现。例如，对于体育教师而言，其讲解要使用有趣贴切、形象生动的语言，艺术性地加工所要传授的东西，将语言简单化，使学生加深对教学内容的感知。同时，体育教师需要应用特殊的演示形式，通过动作示范、优秀学生的示范、学生正误对比示范、人体模型、动作图示、教学模具等直观、形象地进行展示，从而建立清晰正确的运动表象，使学生从感官上对动作进行感知。通过直观的动作演示，学生能够将得到的表象同思维紧密联系在一起，更好地掌握体育知识与体育技能。

六、学习者身体生理负荷性

体育教学中涉及很多的运动和锻炼，这些都是通过肌肉群的运动，促进身体机能的变化。从生理角度而言，很多体育运动、活动都会牵涉到身体做功的问题，学生在参与的过程中，可以通过肌肉群的运动促进新陈代谢，增加身体的生理负荷，最终达到强身健体的作用。例如组织学生参加跑步活动，跑步结束时，学生会感觉到小腿肌肉和大腿内侧的肌肉有酸胀感，同时也会造成身体的劳累，这就说明了体育锻炼具有增加人体的身体生理负荷性的特点。除了跑步这项运动之外，跳远、篮球、足球等能够带动机体肌肉群的运动，都能对机体产生负荷。在进行体育教学的过程中，教师也可通过引导学生反复地进行体育运动的实践，完成教学任务。

七、体育内容的审美情感性

体育课程教学的美，最直观的表现是运动开展过程中教师与学生的人体美与运动美。通过运动塑身，教师和学生身体各部分线条的美与身体比例对称的美得以形成，并且人体运动的美也在这一运动过程中得以实现。上述这些都是外显的内容。在运动开展过程中人体的精神美也会得以实现。例如，在运动开展的过程中，需要克服生理障碍和心理障碍，使高校体育教学目标得以顺利完成，使得礼貌、谦让和谦虚等风范得到体现。

高校体育教学活动不仅展示了人体美、运动美和精神美，还使得高校体育教学内容的审美性得到体现。每个运动项目都对审美特征和美学符号进行了不同的表述，例如，球类运动项目不仅使个人的运动优势得到展示，也可兼顾到群体互助、协调和合作等人际素养；田径运动不仅使学生个人的运动才能得到表现，同时也展示了永不言败、永不服输的豪气；体操运动项目使人的技艺与灵巧得到展示等。这些内容都是前人累积的经验总结，教师加工后传授给学生，以此让学生去感知，从而获得身心的全面健康发展。此外，高校体育教学活动作为一种社会活动，具有一定的创造性，教师与学生共同营造的教学情境在精神上能够给人以启迪，令人回味。

八、客观外界条件的制约性

同其他学科教学相比，高校体育教学的另外一个不同之处就是，高校体育教学效果很容易受到外界各方面的影响和实际客观情况的约束。例如，学生的性别、年龄、生理特点、心理特点、体质强弱与运动基础、体育场地、运动设施、客观气候条件等。在高校体育教学对象的层面上而言，高校体育教学应该使教育的全面性得以实现，在运动基础方面区别对待不同水平程度的学生，同时还要针对学生的性别、年龄、生理特点、心理特点与体质强弱等方面的实际情况实现区别对待。例如，在机能水平、身体形态、运动功能与运动素质等方面，男女学生也会存在明显的不同，因此，在教学选择、教学设计和教学组织等方面就应该对性别差异进行考虑。在高校体育教学环境的层面上而言，鉴于室外存在较多的影响因素，所以体育课堂教学一般会在室内开展室外教学，使学生的视野更加广阔，但同时学生的注意力也非常容易分散，如意外声响和汽车鸣笛等声音的干扰。当然，也有一些不可控因素的存在，比如天气，也会干扰高校体育教学过程。由于体育课程教学在体育场地、器材设施和客观气候条件等方面存在一定的要求，所以体育教师在制订学年高校体育教学计划、课时具体计划、选择教材内容、实施教学组织方法的时候都应该将上述影响因素纳入考虑，尽量减少各种因素的干扰性，促进高校体育教学效果与质量的提高。此外，体育教师还应该对酷暑、严寒等自然条件加以利用，使学生适应环境的能力得到培养。

第二节　体育教学的主要原则

无论是一般的课程教学还是体育教学，其教学原则都由几个乃至几十个构成。体育教学涉及的因素和内容较多，要归纳起来是非常困难的。一般来说，体育教学原则分为教育性原则、科学性原则、锻炼性原则三大类。

体育教学原则是对体育教学实践经验及规律的概括和总结，是实施体育教学最基本的要求，是保持体育教学最基本的因素，是判断体育教学质量的基本标准。本书主要论述与体育教学密切相关的几个常用原则。

一、合理安排身体活动量原则

（一）合理安排身体活动量原则的含义和依据

体育教学的特点是身体活动或称身体运动，因此，体育教学要使学生身体所承受的运动负荷有效、合理，以达到锻炼身体、掌握体育技能的目的，这就是体育教学中合理安排身体活动量的原则。

合理安排身体活动量原则是依据体育教学的本质特点和体育教学的运动负荷规律提出来的。一般来讲，运动负荷就是学生做练习时身体所承受的生理负荷量，它由运动强度和运动量构成。运动强度就是单位时间内身体所承受的运动量的大小，运动量就是运动的内容、数量、时间等。在体育教学中，合理地安排身体活动量，使学生都能达到适宜的生理负荷量，才能在锻炼中收到锻炼效果。

（二）贯彻合理安排身体活动量原则的基本要求

1.身体负荷量的安排要服从教学目标

一堂体育课的合理的身体活动量的安排是为实现课程教学目标而确定的，简单来讲就是要根据课程目标、课程类型来安排不同的运动负荷。

2.要针对学生的特点安排身体活动量

在体育教学过程中，参与学习锻炼的学生存在个体差异，学生的体质不同、性别不同，则身体形态、身体机能、身体素质也不同。因此，一定要根据不同学生的特点安排运动负荷。

3.运动负荷的调节

运动负荷由运动强度和运动量构成，要使体育教学过程中学生的身体活动量适宜，就必须根据课程目标、教学内容、教学进度、教学设计等来调整运动负荷。

调整方法无外乎调整运动强度或调整运动量两个方面。一般而言，强度大，量就小；反之，强度小，量就大，这是一般的体育教学运动负荷调整原则。在体育教学中一般对运动量进行调整，即调整练习的内容、练习的时间或练习的数量即可达到适宜要求。

二、促进运动技能不断提高原则

体育教学的目的是促进学生技能的提高，因此在教学的过程中要注重促进学生技能不断提高的教学原则，保证教学目的的实现，提高教学质量。

（一）促进技能不断提高原则的含义

促进体育教学技能不断提高的原则是由体育教学的目标、社会的需求和肌体发展的需求三个因素决定的，同时也是实现体育教学终身化的基本前提和条件。

掌握体育教学的运动技能，是通过体育教学提升学生的运动能力、发展学生的运动素质、提升学生运动技能的有效途径，也是让学生体验运动的乐趣、提升体育教学质量的前提，更是判断体育教学目标是否完成、检测教师教学能力高低的标准。

（二）贯彻促进运动技能不断提高原则的基本要求

促进学生运动技能的不断提高，是体育教学目标的重要组成部分，也是体育教学的意义所在。在制订这一教学原则的时候，应该做到以下几点。

（1）正确认识运动技能在体育学习中的重要意义

在前面关于"促进技能不断提高原则的含义"的讲述中，我们已经清楚掌握运动技能是教师教学和学生学习的目的。掌握运动技能可以锻炼学生的身体，提升学生的运动素质，促进教学质量的提高。因此，教师在教学的过程中，要注重提高学生的运动技能。

（2）明确运动技能学习的目的，有层次地掌握运动技能

体育教学要求学生掌握运动技能，就是为了丰富学生的学习生活，增强学生的身体素质，保证学生的健康成长。因此在教学的过程中，开展以"提高运动技能"为目的的教学时，要树立"健康第一"和"终身体育"的思想。将体育教学目标根据教学任务进行分阶段的划分，有层次和分门别类地让学生掌握体育教学大纲所要求的运动技能。

（3）要钻研"学理"和"教学"，提高教学质量

要想提高教学质量，首先应该做到"知己知彼"。因此，要让学生很好地掌握体育运动技能，就必须详细地掌握运动技能的规律，特别是教学环境中的各种运动技能的特点和发展的规律。因为体育教学是一门较为复杂的学科，并且教学的时间相对有限，为了保证体育教学的效率，我们必须研究体育教学技能提高的途径和规律。

（4）要创造提高运动技能的环境和条件

任何一种技能的学习都会受到环境和条件的影响，只有在环境和条件相适宜的情况下，才能最大限度地发挥教学的作用。影响这种环境和条件的因素，不仅包括教师自身的运动技能和水平、教学场地和器材的优化，还包括体育教师对学生学习氛围的营造。

三、在集体活动中进行集体教育原则

体育教学侧重集体性，有些活动强调以小组为单位，这有利于在活动进行过程中增强学生的团结意识，提升学生的集体荣誉感。这也是体育教学的目的之一。因此，在集体活动中要注重以下集体教育原则。

（一）在集体活动中进行集体教育原则的含义

在集体活动中进行集体教育原则是指，在学生进行集体性的学习活动时，要注重对集体荣誉感和团结性等集体活动特性的培养，增强集体的凝聚力，使学生形成正确的集体意识，养成良好的集体行为习惯。在集体活动中进行集体教育原则依赖于组成集体的特点、集体活动的规律、集体运动的发展等。

体育教学活动主要以协同、竞争、表现为特点，这些特点主要是在集体活动形式中得到体现。再加上体育教学侧重于室外教学，受到场地、教学活动范围和教学方式的影响，体育室外教学的开展一般以小组为单位，这使得体育教学具有集体性。因此，在教学过程中要注重对学生进行集体教育的原则。

（二）贯彻在集体活动中进行集体教育原则的基本要求

根据体育集体活动和集体组成的特点，将体育教学中贯彻在集体活动中进行集体教育原则的要求介绍如下。

（1）分析、研究和挖掘体育教学中的集体要素

从体育教学的特点可以看出，体育教学中有很多集体性的要素，因此，在进行体育教学的过程中，要注重分析、挖掘具有集体含义的要素，如团队的意识、共同的目标、互帮互助的活动形式等。教师在进行集体教学的过程中，应将这些要素有目的、有意识地融入学生的集体活动和体育学习之中，以便促进对学生团结意识和集体荣誉感的培养。

（2）善于设立集体运动的场景

在体育教学过程中衡量教学活动是否具有集体性的依据是检测集体是否具有共同目标、是否具有共同的学习平台，因为共同的目标和学习平台是集体运动的重要组成部分。共同的学习目标是每个学生学习的动机和欲望，共同的学习平台是学习的场所和环境，能够体现集体的存在感。这两个要素能够让学生更好地凝聚在一起，互帮互助完成共同的目标。因此，教师要贯彻教学中的集体教育原则，就应该善于设立集体运动的场景，如打篮球、组织拔河比赛等。

（3）善于开发有助于集体学习的方法

要合理贯彻集体活动中进行集体教育原则的手段，就必须建立有助于集

体学习的方法，这是促进教学目标实现的重要方法。组织学生进行课堂讨论、分组进行某种运动技能的比赛等，这些教学方法将为体育教学中贯彻集体教育原则提供技术上的保证。

第三节　高校体育教育的地位与作用

高校体育是高校教育的重要有机组成部分。它同德育、智育密不可分，都承担着为国家培养德、智、体、美、劳综合发展的高素质人才的重大责任。从全局来看，高校体育作为全民体育不可分割的一部分，为社会体育、竞技体育和终身体育奠定了基础，也因此成为我国体育事业的一个战略发展方向。所以，在综合性高素质人才培养方面，在全国体育事业繁荣昌盛方面，高校体育的作用无可替代。

一、高校体育与全面发展教育

全面发展教育是包括德育、智育、体育等多方面促进学生全面发展的一种教育形式。因此，高校体育无可替代地被纳入了全面发展教育中。高校体育的功能和作用决定了它在综合性高素质人才教育中的战略地位。高校体育和高校教育二者不仅是简单的包含关系，更是实现教育目的的主要方式。

在 19 世纪，马克思首次提出了人的全面发展理论，他说："我们把教育理解为以下三种东西：第一，智育。第二，体育。第三，技术教育。"在《资本论》中，他谈道："未来教育对所有已满一定年龄的儿童来说，就是生产劳动同智育和体育相结合，他不仅是提高社会生产力的一种方法，而且是造就全面发展的人的唯一方法。"

高校体育在学校教育中的基础性和无可替代的地位，体现在它是德育和智育的物质基础，更体现在它可以加速德育、智育、美育的进步，与德育、智育、美育有着不可分割的联系。

（1）高校体育与德育

高校体育教育可以促进身体健康，心理素质提高，更可以提升道德情操。学校通过教学大纲，体育培养方案进行体育教育，体育活动开展，可以增进学生的爱国主义使命感、集体主义荣誉感和社会主义认同感，帮助学生建立关爱同学、爱护集体、帮助他人、团结友爱、比学赶超、公平竞争、坚韧不拔、拼搏奋进等优秀品质，促进学生健全的人格发展和思想道德水平的提升。

（2）体育与智育

高校体育为智力开发提供良好的物质基础，是智力增长的重要途径。人的智力发育离不开大脑作为物质基础。已有的研究表明，人的智力水平和大脑的物质结构以及人的技能状况相互间紧密联系。长期坚持体育运动，能够让大脑得到源源不断的氧气和能源物质供应，大脑的神经细胞因此能快速健康生长。大脑皮层细胞活动增强，均衡性和灵活性以及综合分析能力提升，都为促进智力发展创造了良好的生理条件。人们曾对少年乒乓球运动员进行观察，发现那些从小就开始系统练习乒乓球的学员，在运动速度、应激反应能力、智商指数测试上，都明显强于其他学生。而且，通过合理科学的体育运动，还可以培养学生灵活的思维能力、丰富的想象力、对环境敏锐的感知能力、细心的观察力和综合思维判断能力等，还能促进学生用脑时思路清晰，长时间注意力集中，从而提高学习效率，事半功倍。所以，高校体育对智力发展作用重大。

（3）高校体育和美育

高校体育也是对学生进行美育的重要形式。学校开展体育活动，可以使学生身体各个部分的骨骼肌肉得到均衡协调的发展，在体育运动中培养学生的形体美、姿态美、动作美、仪表美、心灵美和高尚情操，并且能提高学生创造美、鉴赏美、表现美、感受美的能力。因此，体育能使美育对学生身心的促进作用得到充分发挥，取得美育身心的成效。

综上所述，高校体育和德育、智育、美育等密不可分，四者相互促进，协调发展。体育对学生综合素质全面发展具有重要作用，是培育新时代思想积极、品格优良、才智卓越的优秀学子最有效、最成功的手段。

学校教育的最终目标就是为社会发展进步培养优秀人才。德育和智育是重要的，德才兼备，品学兼优，既有责任感又有真才实学，才能服务人民，报效国家，为社会主义现代化事业做出更大贡献。体育同样也是重要的。有了身体的强壮、健康，才能完成艰难繁重的学业，把对知识的渴求转化为孜孜以求的行动，最终成为社会主义事业的有用人才。所以，在学校的各项教育中，体育和智育、德育、美育等都要紧密配合，一起服务于培养全能型综合高素质学生的目的。

二、高校体育与全民健身

高校体育对全民族体质的增强、全民族素质的提高具有重要意义。目前，全球各国都在进行综合国力的竞争，抢占新科技革命技术制高点。国民的体质是民族竞争力的重要组成部分。国民体质的强弱、全民族素质的高低，都关系着民族的前途和国家的命运。青少年的身体素质是一个民族身体素质水平的象征和表现。他们在学校期间正处在身体生长发育的成熟期和完善期，体育锻炼是影响学生身体生长发育与完善的重要因素。所以，做好高校体育工作，积极引导学生参加体育活动，有利于增强学生体质，促进学生身体发育成熟，还能培养他们热爱体育锻炼，养成运动习惯，提高运动技能，为终身运动、健康工作做好保障。

做好高校体育工作，能扩大我国体育锻炼人口，掀起体育社会化风潮。可见，高校体育是我国体育事业的重要组成。做好高校体育工作，学生就能得到良好的体育练习，他们将来在事业发展中，更容易脱颖而出，做出一番事业。这对全民健身运动的提倡、体育运动的全民普及、体育人口范围的扩大、体育社会化进程的推进具有极大的积极作用。

三、高校体育与终身体育

进入 20 世纪下半叶，社会革命和新科学技术革命大大促进了人们生产生活水平的提高。一方面，人们对身体素质要求越来越高，对愉快、文明、健康的休闲生活水准的要求也越来越高；另一方面，现代社会快节奏、高强度的工作环境也给人体健康带来了损害。为了积极应对来自社会进步的压力和挑战，终身教育、终身体育锻炼理念被人们传播开来。

显然，终身体育不仅仅是指高校体育，还包括学前体育、高校体育和学后体育整个人生周期。所有的社会成员都要接受学校教育，而学校教育是终身体育的基础，起到承前启后的作用，是终身体育的关键组成部分。

首先，高校体育要为终身体育打好体质基础。儿童和青少年处于成长的重要时期，长知识离不开长身体。高校体育必须满足学生发展的需要，尊重学生心理、身体素质特点，因材施教，有的放矢，促进学生身体苗壮成长，健康成长，高质量发展。这样有利于他们全身心投入繁重的学习思考活动中，为他们将来的人生打下坚实的身体基础。

其次，高校体育要培养学生终身体育的意识、习惯和能力。所谓的终身体育意识，通常指对终身体育的认识，只有认识到了终身体育的价值，才能自发地产生锻炼运动行为。终身体育的习惯是指在正确认识指引下，坚持体育锻炼，发展为爱好，进而成为一种好习惯，这样就能长期坚持下去。高校体育就是一个有目的、有计划的体育教育过程。体育学科的各项知识技能和科学训练原理与方法都通过学习系统掌握，这样就能促进体质健康，培养起终身体育的意识、习惯和能力。

终身体育的能力可以理解为终身体育的本领，具备了这种能力就能更好从事终身体育锻炼。它主要包括自学、自练、自评、创造等能力。自学是指学生自主学习，主动学习陌生知识技能的能力。自练和自评能力一般是指学生在体育锻炼中能根据自身情况以及实际条件进行计划、安排、组织、实施和评估。创造能力则是对学生创造性运用所学知识解决实际问题的能力。这些能力并不是孤立的，它们构成了终身体育能力。学生对这种能力的掌握和运用，能使学生长远受益。它对学生的终身体育教育起着极为重要的作用。

第三章　我国高校体育教育理念及发展探讨

　　体育教育理念的更新与发展是体育教育教学事业发展与完善的重要前提，当前我国高校体育教育的进一步深化改革与完善必须是建立在科学体育教育教学理念的指导基础上的，只有这样才能从根本上牢牢把握住现代先进体育教育的未来发展趋势与改革方向，才能真正促进我国高校体育教育的进一步科学化发展。本章主要就当前我国高校体育教育的三大理念进行详细阐述，并结合我国国情和国外体育教育理念对我国的启示进行深入分析，以此为当前我国高校体育教育理念的改革与创新提供理论指导。

第一节　我国高校体育教育的理念

一、"健康第一"理念

（一）"健康第一"教育理念概述

1．"健康第一"教育理念的基本内涵

　　"健康第一"这一理念在我国的提出是在 20 世纪 50 年代，据悉，新中国成立初期，国家体育发展面临的首要问题是国民体质较差、青少年儿童健康教育较为落后。在 1950 年，国家为了改变新中国成立之后学生负担太重、健康水平日益下降的基本现状，首次提出"健康第一"思想。

20 世纪 90 年代，为了进一步促进我国体育教育改革，"健康第一"的理念和思想被再次提出并引起重视，这一时期的"健康第一"理念与 20 世纪 50 年代的"健康第一"理念本质不同，它是在我国素质教育改革下的一种教育诉求，是一种新的具有创新意义教育理念。

"健康第一"教育理念强调体育教学中的教学首要目标是要促进学生的身心健康发展，其次才是体育技能的提高，其在"学校教学忽视体育教育"和"体育教学以竞技体育为主要内容"的传统学校教育教学中是一种新的教育思想和观念的突破。

2. "健康第一"教育理念的依据

（1）"健康第一"教育理念符合世界发展潮流

1948 年，世界卫生组织提出健康现代健康新理念，在此之后，世界各地开始广泛开展健康教育。为适应世界健康发展新趋势，我国提出"健康第一"教育指导思想。1990 年 6 月，教育部和卫生部首次联合颁发《学校卫生工作条例》，依法将健康教育纳入学校体育教学，积极开展各种健身活动，关注学生的健康发展。学校体育教育教学的重点发生了根本性的变化，已经从"单纯地技能传授、重视学生体育技能发展"向"促进学生身心健康发展和社会能力的提高"方面转变，2005 年党中央国务院公布的《关于深化教育改革全面推进素质教育的决定》，进一步明确了在现代我国体育教育教学中坚持"健康第一"指导思想的重要地位与作用，在全世界都强调素质教育的大背景下，"健康第一"成为我国体育教育教学的重要改革指导思想。

（2）"健康第一"教育理念适应当代社会发展需求

当前社会，科技不断进步、经济发展迅速、生活节奏日益加快，人类的体力劳动越来越少，又因为科技的进步，人们用于家务劳动的时间也大大缩短。长时间伏案工作所造成的"运动不足""肌肉饥饿"严重影响了人们的健康。

21 世纪的人才是全面发展的人才，社会的快速发展与激烈竞争要求现代人才不仅要有正确的政治思想，具备扎实的科学知识和能力，还必须具备强健的体魄。要想在这个充满竞争的社会中立于不败之地，必须首先拥有一个健康的体魄。实践表明，学生积极参与体育健身活动，不仅强化体魄，增强了抵抗力，还有利于学生良好心理素质和智力的发展，这对学生的个人发展、国家与社会的可持续发展都十分有益。

（3）"健康第一"教育理念的特点

"健康第一"教育理念内涵丰富，其在体育教学实践中表现出以下特点。

①强调素质教育。"健康第一"教育理念重视学生的健康发展，它指出，学校教育教学的首要目标是促进学生的健康成长，学生的身心健康比考试升学更为重要。

②健康的基础是身体健康。健康的体魄是人全面发展所依附的基础，是人类发展的基本标志。[①] 所有教育的开始都源于健康的身体。学校应首先重视学生的身体健康培养。

③健康的全面性。"健康第一"教育理念中的"健康"是一种多维的健康，是真正意义上的健康，不只是身体的健康，还包括心理健康、社会适应、生殖健康、道德健康等。

（二）"健康第一"教育理念在我国高校体育教育中的实际应用

体育是一种身体文化现象，人的生理与心理是从事一切活动的基本要素。"健康第一"的出发点是每个人的全面发展，是学校体育发展的一种全新理念。"健康第一"教育理念的提出对于现阶段社会发展对综合素质人才的要求和学生日后的健康、全面、可持续发展具有非常重要的指导和帮助作用，体育教育促进健康的本质功能得到了充分的体现。

当前，"健康第一"体育教育理念在我国高校体育教育中的应用主要是在"健康第一"教育理念的指导下，不断促进我国高校体育教学各要素的发展与完善，使之充分体现"健康第一"教育思想内涵，并在具体的教学过程中得以落实。

1. 体育教学目标的明确

"健康第一"的教育理念为促进我国高校体育目标多样性、多层次的建构提出了新的要求。当前，"育人"是学校体育教学工作的最根本目标，技术教育和体制教育并不能完全作为学校体育实践的重心，应该把重心从单纯地追求学生的外在技能水平向追求学生的全面协调发展转移。这些都体现出了我国在学校体育改革中更加注重学校体育目标的人文倾向。

"健康第一"教育理念的科学贯彻落实，要求我国高校体育教育应重视学生健康知识与素养的全方面培养与提高，应将体育教育、卫生教育、美育

---

① 高鹏.从科学发展观谈学校体育教育"三大理念"的内涵［J］.科技信息,2009（34）.

等有机结合起来，"人的全面发展"是以健康的体魄为基础的，人类发展的基本标志之一就是健康、长寿。具体来说，学校应加强学生的营养指导，让学生了解有关营养、卫生保健的知识，并形成完善的体系，紧密结合学生生长发育与生活实际开展健康教育，使学生学会自我保护，预防疾病发生。此外，还要把学生青春期教育和心理健康教育作为健康教育的重要内容应用落实，并寓美育于体育之中，提高学生对体育的兴趣，提高其运动质量。

2. 体育课程体系的调整

课程体系改革是当前体育教学改革一个非常重要的方面。通过课程体系方面的改革，能够使教学内容更加丰富多样，还能够更好地满足学生的发展和社会的发展需求。

在"健康第一"教育理念影响下，传统体育教学中的教学课时少、课程内容安排不合理、课程体系不健全的情况等得到了有效的改善。学校在设置相应的体育教学课程时，开始考虑学生身心各方面发展的需求，并且在课程中逐渐将学生作为课程中的主体。学校在进行教学内容和课程体系设计时，更加注重学生的个性和性别特点。并且开始根据学生的身体素质水平来提供丰富多彩的、供学生进行选择的体育教学内容各种体育教学内容在促进学生的身心健康发展方面越来越贴近、效果更加明显。

3. 体育教学方法的优化

体育教学方法是促进体育教学过程顺利开展的重要因素，在"健康第一"思想的影响下，通过多种形式的改革，体育教学方法日益丰富化和多样化，对于培养学生自觉的健康意识和健康行为发挥着重要的作用。

当前，促进体育教学方法的优化是"健康第一"教育理念的一个重要要求，要求体育教学方法在体育教学中的科学应用必须能够实现体育教学对学生参与体育积极性和主动性的调动，使学生从主观上重视体育对健康的促进作用，使学生在体育教学过程中得到全面、健康的发展。

4. 教学评价体系的完善

在"健康第一"思想的影响下，体育教学的评价应以学生的体质增强、身心健康发展为重要评价指标。当前，新的体育教学评价体系不仅注重对学生进行全面的评价，还注重对教师教学方面的评价。在对学生进行的全面评价中，一方面，教师开始重视对多方面的教学效果进行量化分析，并且将定性评价和定量评价相结合，大大提高了体育教学评价的科学性，对于学生认识自身的不足以及获得学习的动力起到了良好的促进作用。另一方面，教师对学生的评价内容日益多元化，关注学生的多方面成长与发展，具体的评价内容开始不仅仅局限于主动其对技术技能的掌握情况，而是更加注重对其创新能力、学习态度、意志品质等方面进行综合的评价，真正关注学生全面的健康与发展。

二、"以人为本"理念

（一）"以人为本"教育理念概述

1."以人为本"教育理念的内涵

"以人文本"是我国现代体育教学的一个重要教育理念与指导思想，它重点强调了教育中"人"的发展。"以人为本"教育理念指出，教育的出发点、中心以及最终归宿都是"人"，教育是以人为基础和根本的，教育的目的是人的发展。

2."以人为本"教育理念的核心

（1）肯定人的重要地位和作用。充分肯定人性的，信任人的潜能、智慧，向往和追求健康体魄及身心和谐统一。

（2）肯定学生在体育教学中的主体地位与作用，对学生的人格、权利给予尊重，加以维护。

（3）客观尊重个体之间的差异性。具体到体育教学中，应充分了解和尊重学生之间的差异，因材施教，重视学生的个性发展。

（4）鼓励学生主观能动性的充分发挥，所有学生都能积极主动地学习体育知识和技能。

（5）保证所有学生都可以学有所得，学有所成，学以致用。

3."以人为本"教育理念的教学要求

"以人为本"教育理念的教学要求具体如下。

第一，"以人为本"教育理念要求所有的教育都必须贯彻以人为本的原则，这是现代教育发展的基本要求。教育实际上也是人的自我实现、自我理解以及自我确认的过程。

第二，"以人为本"教育理念要求在教育过程中将人的自由、幸福、和谐全面发展以及终极价值实现重视起来。体育教学应该对学生的个性发展给予一定程度的重视，使学生在体育训练中张扬个性，自由展现自我。体育教学在带给学生身心愉悦与快乐的同时，也应使学生的人性通过体育的方式得到最自然地流露，使学生在体育学习中自由宣泄和释放自己的情感。通过体育教学应促进学生的身体、心理、个性、品质的健康发展，使学生成为更完善、更优秀的个体。

第三，"以人为本"教育理念要求体育教育突破机器的教育模式，真正转变为人的教育。作为教育的对象，学生首先是一个"人"，其拥有人权和自我价值，这是教育的起点。现代体育教学应重视以社会需求为基础加强对全面发展的新型人才的培养。在整个体育教学活动过程中，要充分尊重和重视学生的人性、人权以及价值。

第四，"以人为本"教育理念要求体育教育应体现人文关怀。人作为体育教育的对象，是有理性、有情感的，思考的方向由情感决定，而思考的结果是由理性决定的。体育教育中只有先以情感人，才能以理服人。无论采取何种先进的教育方法和手段，都要注重面对面教育；不管采用多么发达的现代传媒手段，人和人之间面对面的融合和交流都是不可替代的；人文关怀的巨大作用始终不容忽视。因此，体育教育教学必须要有人情味，要时时刻刻以"人"为中心，以学生为中心和教学主体。

（二）"以人为本"教育理念在我国高校体育教育中的实际应用

21 世纪，将"以人为本"的基本发展理念融入体育教育，是人类社会协调和可持续发展的基本要求和重要内容。新时期，"以人为本"是我国高校体育教育的主导思想。

当前，"以人为本"教育理念在我国高校体育教育中的科学应用具体体现在以下几个方面。

1.体育教学目标的进一步明确

"以人为本"教育理念强调体育教学中社会本位目标与学生本位目标的统一。

首先，社会本位要求将体育教学的价值主体确定为社会，旨在满足社会发展的需要。

其次，学生本位要求在体育教学中以学生为价值主体，对学生个体的需要加以把握，以学生的兴趣、需要为出发点组织教学，使学生获得自由的全面的发展。

"以人为本"教育理念要求有机统一社会本位目标与学生本位目标。具体来说，在体育教学中，不仅要注重社会价值目标，还要强调对学生学习动机和兴趣的培养，促进学生良好体育态度和习惯的形成；不仅要将学生学习期间应达成的短期目标重视起来，还应对终身锻炼的长远目标予以考虑。只有充分结合这两个本位目标，才能使体育教学目标真正实现，才能实现学生发展的长远功效与近期功效的有机结合，才能促进学生和社会的协调、可持续发展。

2.体育课程内容的进一步丰富

"以人为本"教育理念指导下，现代体育教学内容越来越重视学生体育学习与参与兴趣的提高、越来越重视与学生日常生活的密切联系、越来越关注学生的多元化的体育发展需求。在体育教学实践中，体育课程教学内容的选择日益丰富，教师在对传统体育教学大纲所规定的技能方面的教材予以考虑的同时，注重将对学生体育兴趣进行全面的培养、对学生的人格发展有积极影响的教学内容的引入。

具体来说，当前教学内容的不断丰富和完善表现出以下教学内容的增多：具有娱乐性和趣味性的体育教学内容；具有创新性，有利于培养学生创新精神的教学内容；用的，与社会和生活联系密切的，可以对学生终身体育能力进行培养的体育教学内容；更方便普及的健身性的体育教学内容。

3.体育教学形式的进一步多样化

"以人为本"强调体育教育教学的以学生为本，由于学生之间存在着客观差异，要做到以每个学生为本，关注和促进每个学生的成长与发展，就必须采取多样化的体育教学形式来满足不同学生的体育参与和学习需求，使每一个学生都能从情感上行动上乐于进行体育学习，为了实现和达到这一教学目的和效果，就需要教师在体育教学中采取灵活多样的教学形式（如群体训练、小组合作、个人自觉练习等）来组织教学，使体育教学形式更加灵活、体育教学过程更加有趣，使学生不会将体育学习看作是很难的一件事情，同时，学生还能在体育参与过程中充分展示自我，充分激发学生的体育学习与参与的积极性与主动性，并切实促进学生的进步与提高。

4.师生关系的进一步和谐化

"以人为本"强调学生在体育教学中的主体地位，体育教学的基本立足点是关爱学生生命，教师应尊重学生、关爱学生，在体育教学过程中，注重良好的师生关系的建立，这有助于体育教学过程的顺利进行。

首先，教师应尊重学生的人格和权益。对学生的独立性、个体性应予以尊重。

其次，教师应正视学生之间的差异性，在体育教学中要关注所有学生的体育学习，不能对学生失去信心而放任不管。

再次，教师应善于鼓励学生。教育鼓励是师生关系的润滑剂，鼓励可以营造对民主、和谐的教学氛围，可以形成融洽的师生关系。在体育课堂教学中，教师要善于采用鼓励性的话语来激励学生，安抚学生。使学生在轻松自由的空间里和氛围中，能够积极与老师、同学沟通与交流，从而获取更多的体育知识，获得更多的成功体验，在这种体验中更加积极地配合教师完成学习任务。

5.体育教学评价的进一步完善

"以人为本"的体育教育理念在体育教学评价方面，要求评价更加关注作为教学对象的学生的发展，而非只关注体育教学任务是否完成。

在现代体育教学评价中，评价应关注作为学生的"人"的发展，不同学生有不同的学习能力，所以一些能力高的学生轻而易举就能够获得高分，而能力相对较差的学生付出很大的努力也难以取得理想成绩。因此，体育教学评价应是全方位的，全面评价需遵循"以人为本"原则，要将学生的全面发展充分重视起来，力求通过全面评价充分了解学生对体育学科的态度、参与体育锻炼的情况以及对体育技能的掌握和运用情况，教学评价内容应涉及学生的平时表现、素质达标、技术技能运用等多个方面。教师要针对不同的学生采用不同的评价方法激励每个学生都能有所进步与成长。

三、"终身体育"理念

（一）"终身体育"教育理念概述

1."终身体育"教育理念的内涵

终身体育，具体是指在人的一生中都要进行身体锻炼和接受体育教育与指导，终身体育强调在个体生命整个过程中不同时期的体育，即体育健身贯穿于生命的全过程。

"终身教育"理念是社会发展到一定阶段的产物。社会发展到今天知识更新换代越来越快，从而要求人们对知识的学习要不断跟进。在这种社会条件下，相应地必然会产生终身教学的理念。必须充分认识到，"终身教育"理念的形成和社会发展有关，但却是多因素共同作用的结果。具体分析，其形成有外部社会客观因素的作用，当然也有教育内部的一些主观因素的影响。外部因素提出了终身教育的要求，内部因素为终身教育形成提供了理论和基础，二者结合，最终才能形成现在"终身教育"理念。

"终身体育"是终身教育的重要组成部分，它包含两方面的内容。首先，个体在正确认识与理解终身体育锻炼后产生内在需求，形成强烈的锻炼意识，该意识会激发个体自觉进行体育锻炼的动机，从而使其形成终身体育思想，只有先树立一定的意识，才会形成内在动机，并慢慢养成良好的体育运动习惯；其次，人的生命过程会经历不同的阶段和时期，不管在哪个时期，都应该坚持进行身体锻炼，养成终身体育锻炼的良好习惯，养成健康的体育习惯是终身体育健康发展的根本源泉。

2. "终身体育"教育理念的特征

（1）体育锻炼时间的终身性

"终身体育"是一种先进的教育理念，它突破了传统的学校体育目标过分强调学习和掌握运动技能的观念，打破了传统的体育教学观念把人接受体育教育的时间仅仅局限在在校学习期间。"终身体育"教育理念关注个体的整个人生的生长发育、健康成长、养生保健，强调体育参与可使人受益终身，应终身参与。

（2）"终身体育"锻炼群体的全民性

"终身体育"教育理念是面向整个人类的一种教育理念，不仅仅局限于学校中的学生，还包括社会大众在学生从学校毕业进入社会之后，体育教育依然应该得到重视。体育教育贯穿人的一生，终身体育锻炼具有全民性。体育教育是一个系统工程，现代社会，生存发展是时代的主流，要生存就必须会学习、运动锻炼和保健，人们要想更好地生活，就要把体育与生活紧密联系在一起，积极参与体育锻炼并促进身心健康发展，因此，关于"终身体育"，每一个社会成员都应该重视和积极参与其中，故"终身体育"覆盖社会各个群体，因此，这是指接受终身体育的所有人，在对象上包括儿童、青少年、成人和老年人等；在范围上包括学校体育、家庭体育、社会体育等。

（3）"终身体育"锻炼目的的实效性

"终身体育"强调通过体育参与促进个体的终身健康、全面发展，因此，终身体育的锻炼内容、方式、方法等必须与个体的生活、学习、工作等密切结合起来。

"终身体育"以适应个人发展和社会发展为根本着眼点。人们为了改善自己的生活质量，根据自身条件合理选择适合自己的体育方式，做到有的放矢，具有较强的针对性和实效性，有助于促进运动者自身的全面发展和终身发展。

3．"终身体育"与学校体育的关系

（1）终身体育与学校体育的相同点

共同的体育目标——育人。健康的身体是工作、学习、生活的基本保障，是人们参与现代化建设的前提条件。终身体育有机融合了身体锻炼、工作及生活，提倡终身坚持体育锻炼。学校体育主要是对德智体全面发展的人才进行培养，促进学生身体素质、心理素质及智力和社会适应能力的全面发展。

共同的体育手段——身体锻炼。终身体育强调个体应养成终身参与体育锻炼的习惯，在人生的每一个阶段都积极参与体育健身锻炼。体育教学以学生的身体练习为主要教学手段，旨在通过学生的各种体育活动参与促进学生的体能、技能、心理、智能的发展。

共同的体育任务——掌握知识和技术，提高运动能力。掌握体育知识与技术是个体参与体育锻炼的重要基础，也是学校体育的重要教学目标与任务，学校体育教学是终身体育教育的一个重要阶段，离开这个阶段的体育教育，终身体育就不可能实现发展，学校体育教育应与终身体育教育充分结合起来。

（2）终身体育与学校体育的区别

体育参与时限不同——终身体育贯穿人的一生，学校体育只负责学生在校期间的体育教育。

体育教育对象不同——终身体育以全社会所有成员为教育对象，学校体育以在校学生为教育对象。

终身体育的建立与形成与学校体育教学的发展有着极为密切的关系。终身体育作用于个人，由相互联系、相互影响的学校体育、社区体育、家庭体育构成，并要求学校、家庭、社区均应开展体育活动，为个体提供参加体育活动的机会。终身体育贯穿于人的一生，对社会而言，终身体育是全体国民的体育，终身体育与学校体育二者的统一是终身体育追求的最高目标。

（二）"终身体育"教育理念在我国高校体育教育中的实际应用

"终身体育"教育理念的形成能有效促进我国体育教学的发展。树立终身体育教育教学理念是我国高校体育教学目标改革的指导思想，也是我国高校体育教学发展的落脚点。终身体育能否实现，在很大程度上取决于这种观念是否树立和能力是否形成。

1. 学生"终身体育"思想的培养

人们参与运动并坚持长期从事体育锻炼，首先应对"终身体育"教育理念有一个正确的认识，在此基础上，才能建立和培养"终身体育"教育理念。

就当前整个社会发展背景来讲，现代社会生活节奏越来越快、竞争越来越激烈，每个人都面临着来自各方面的压力。而人的健康生存与发展是以健康的身体为基础和前提的，如果身体状况不理想，很难应对学习、生活和工作中的问题，即便可以勉强应对，也不会过上高质量的生活。

终身体育锻炼可以增强个体适应、抗击压力的能力。只有充分认识到这一点，个体才会主动去参与体育锻炼，这种科学的体育认知与体育情感共同决定着体育行为。

在体育教学中，对于学生来说，要想树立终身体育的观念，教师必须正确引导学生科学认识和理解体育的价值，端正学习体育的态度，积极学会体育锻炼的技能，掌握体育锻炼效果评价的方法，形成终身体育能力，为终身体育锻炼奠定基础。

2. "终身体育"教学内容的设置

在高校体育教学中，不能只追求学生某一特定的运动技能和运动的熟练程度，而是重视学生学会能自我分析自身的身体锻炼和综合的运动实践能力，加强对学生终身体育意识与运动能力的培养，并以此为核心来对体育课程进行多功能和综合性的开发。

具体来说，就是要求学校体育课堂教育的延伸与拓展，使学校体育向终身体育延伸。一方面，在设置体育课程目标时，要客观评估学生体能、身体素质及其对体育知识和技能的掌握情况。在实施目标教学前，教师应充分了解与分析学生的现状，以体育课程终身体育教学目标为导向组织体育教学。另一方面，在选用体育课程内容时，应重视引进休闲体育项目、时尚体育项目，开展能够激发学生体育兴趣和潜能，调动学生体育积极性和创造性的新兴项目，如健美操、瑜伽、体育舞蹈、网球、跆拳道等。使学生在轻松愉悦的氛围中掌握体育技能，切实提高学生的实际运动能力。

3."终身体育"教学方法的运用会

现代体育教学中，贯彻落实"终身体育"的关键在于学生体育学习兴趣的持续培养与提高，在体育教学中，教师应采取科学有效的富有创新的教学方法展开教学工作。在教学过程中注重采用多元化的教法，争取每节课都取得良好的成效，能够以不同学龄段学生的情况为依据有针对性地选择相应的教学方法，以不断活跃课堂气氛，使学生在欢乐气氛中形成体育兴趣，同时，有效避免教学中的一些因素对学生的阻碍，使学生在体育锻炼中感受快乐，树立自信，增强体育意识，全面提高学生的认知能力、技能水平，使学生获得良好的情感体验，进而主动参与体育锻炼。

4.学生需求与社会需求的统一

"终身体育"教育理念是体育教育教学的一个重要指导思想，对于充分发挥体育的教育作用，促进学生的身心健康发展、社会适应能力的提高，满足当代社会对人才发展的需求具有重要作用。社会劳动力由不同年龄段的人构成，有使身体保持在最佳的状态，才能更好地适应现代社会发展的需要，所以应在不同的人生阶段选择不同的锻炼方式和内容。无论是何年龄段、何种职业，都面临着对它的选择，以保证自己有更加充沛的精力，身体更加健康，以便更好地适应现代社会的发展以及满足未来生活的需要，而这种伴随人生一起发展的体育，就是终身体育。

学校是培养社会所需人才的重要场所，而无论何种人才，都必须首先拥有一个健康的身体，因此，高校体育教育应该重视把国家需要、社会需要与学生个体需要有机结合起来；把追求体育本校的健身价值与人文价值有机结合起来；把传授体育知识技能与终身体育教育有机结合起来，全面提高大学生的体育素养，促进大学生的终身体育能力的提高，以符合社会发展对人才的体质、体能要求。

在这里需要特别指出的一点是，学生的终身体育发展为社会对人才的需求奠定了基本人才素质基础，但学校体育教育是多方面的，不能单纯为社会需求发展服务，还应充分考虑"以人为本""健康第一"。此外，"终身体育"教育建立在"学会认知、学会做事、学会共同生活和学会生存"四个支柱之上，其实施不是某个单一教育环境所能进行的，需要学会整体参与，必须加强社会各级教育部门之间的紧密联系才能保证终身体育的真正贯彻和落实。

第二节 我国高校体育教育理念的改革与创新

一、现代体育教育理念改革发展的突破点

（一）正视多元体育教学理念的存在与发展

人类社会的发展过程中，随着人的认知不断深入与发展，提出了许多新的观点和理念，包括体育在内的教育领域，教育理念与观点的发展也是如此。在体育教学的发展过程中，不同的体育教学理念之间既有相同之处，又有相互对立和矛盾的地方，但正是因为有这些争论与矛盾的存在，才使得体育教学理念能够不断发展，不断突破，更具活力。

现阶段，我国体育教育理念的改革与突破应建立在充分借鉴多元体育教育理念的基础之上，更加突出具有现实意义的思想理论的重要性，使这部分理论进一步发展壮大，以不断丰富当前适合我国高校体育教育国情的体育教育理念体系的完善。

（二）结合体育教育理念的特点、规律和趋势来推动其改革与发展

一般来说，当一个教育现象和问题出现之后，会引起相关学者的关注与研究，并据此提出一些观点与看法，最终形成一种新的观念，从这一思想发展规律可以充分认定，体育教学理念具有一定的滞后性，因此要对社会的需求及时加以预测，及早对高校体育教育教学理念进行改善。

现阶段，我国经济发展迅速，人们生活条件在不断改善，因此逐渐拥有了更高层次的需求。随着社会的不断进步与发展，个人本身越来越受到重视，教育对人的关注也成为一种必然。

随着我国高校体育教育教学改革的日益深入，越来越多的人逐渐认识到不能再单纯地将教育结果、知识传授看作是教育的一切，不再单纯对社会和集体进行高度关注，而开始将关注焦点转移到"人"身上，我们要提倡一种能够服务于人的全面发展的有价值的教育理念，而且该思想应该关注社会上每个个体的发展。

目前，我国教学改革的重要方向之一就是对人性化教育、人本化教育与教育的意义与价值方面的改革。"人本"强调人的全面发展和自我实现，它对学生的自我体验是高度重视的。体育的过程是培养学生的社会性活动的过程，在这一过程中，人既是教育的出发点也是最终的归宿点。如果教育缺少了对人的社会性的培养，则其就失去了其所具有的独立存在的价值和本质特征。

（三）根据体育教育理念的发展影响因素来促进其改革与发展

体育教学理念在不同的时期会表现出不同的特点，这与人的认知与社会客观发展环境有关。确切地说，理念是一定历史时期的产物，不同的历史因素必然会对其产生、发展及变化造成影响。

体育的发展受到各方面因素的影响，在体育文化现象发展基础之上的体育理念也受到这些因素的影响。体育文化与社会经济的发展有密切的关系，并受社会经济发展的影响，在现代，经济比较落后的国家的运动员只能在简陋的条件下进行训练，其训练效果是不可能与经济发达国家的运动员相比的。科学技术的发展也对体育的发展产生极为重要的影响。从某种意义上说，现代体育尤其是竞技体育运动的发展，已经逐渐演变成为一场"科技战争"。体育运动发展过程中的每一次记录的产生，都包含诸多的科技要素。

在各个层面对体育产生重要影响的大背景下，必须要防止体育教学理念受到上述这些不良因素的影响，同时将这些影响因素中的有利因素充分利用起来，使其推动体育教学理念的发展。体育教学理念的发展会受到社会因素的影响，所以我们要不断对新的社会需求进行探索与分析，并据此来加强对教学思想的改善，同时进一步引导社会的健康发展。例如，利用政策颁布一些有意义的体育教学法规，贯彻落实体育教学理念。

此外，除了上述几个影响因素以外，理论发展因素也会影响体育教学理念的发展，针对这一点，必须要对体育学科理论不断进行研究，不断丰富和完善体育理论。同时，还应对相关学科和国外体育理论的发展予以关注，将有益的思想积极引进高校体育教育中来，以不断促进我国体育教育理念与教育事业的发展。

二、现代体育教育理念改革发展的方向

（一）层次性和延续性方向发展

新时期，各种体育教育理念与体育教学思想不断涌现，这些不同的教育理念与教学思想在不同程度上都推动了体育教学的发展，如为体育教学的改革指明了方向，使体育教学改革步伐不断加快，促进了体育教学质量的提高。

就体育教育教学实践来说，教学对象是体育教育发展改革应该重点关注的对象，而不同年龄段的学生，他们之间在很多方面都存在着显著的差异，所以从教学指导思想在教学实践中的运用可以看出，体育教学理念表现在各年龄阶段体育教学重点倾向性相似，教材的处理、教法的选用和组织安排不符合学生的身心特点及地区特点等，这些都对高校体育教育改革进程造成了一定程度的负面影响。

新时期的体育教育改革应该重视学生的长期、可持续发展，在教育理念上，要重视教育的层次性与各阶段的延续性，通过体育教学的科学组织与实施，结合不同年龄段学生的特点为依据对相应的体育教学指导思想进行构建，使之具有鲜明的层次性，以科学把握教学改革目标和教学改革方向，进一步优化教学改革进程控制，不断促进高校体育教育育人的效果。

（二）人文教育和科学发展观方向发展

在我国素质教育改革的推动下，我国高校体育教学理念从唯"生物体育观"转向了"三维体育观"（由生物、心理、社会因素构成），这就使得体育在健身、竞技、娱乐、文化和社会等方面的功能得到了进一步的拓展，使我国体育教学在传授"三基"、增强学生体质的同时朝着多元化的目标和功能方向发展。

在充分借鉴和引进休闲体育思想、快乐体育思想、终身体育思想等的基础上，我国体育教学理念得到了进一步发展。此外，在2008年奥运会成功举办后，人文奥运理念已深入人心，在一定程度上，奥林匹克运动也对我国学校体育的发展产生了重大的影响，未来学校体育会向着以人为本的方向迈进和发展，会更加重视学生的需要和全面发展，以"人文体育观"为核心的教学思想将会在体育教学中发挥更大的价值。

现代体育教育教学的发展离不开对人的关注，其重要的一点在于关注人的全面、可持续发展。

新时期的高校体育教育理念应将重点放在"重视学生综合素质教育"和"培养优质人才和促进人才的科学发展"两个方面。一方面，在现代学校体育教学改革发展形势下，体育教育只有改变以往的"知识型"人才的培养，转而走向"创造型"人才的培养的道路，树立全面育人的教育观念和意识，着重培养和提高学校学生的综合素质和能力，才能够最终实现素质教育的目标。另一方面，应不断强调教育的育人作用，通过体育教育促进现代人才的培养与科学、持续发展。使学生在校期间能接受正确的体育观念的教育，使学生得到锻炼身体能力的培养，使他们对体育运动对人体短期、长期的各种影响有一个深刻的认识，在观念上使学生把参与体育作为一种自觉的行为，作为成为现代社会人才的一种基本素质进行培养与提高。

（三）教育理念的综合化方向发展

21世纪以来，我国学校教育发展迅速，高校体育教育也要适应新时代的发展潮流，不断革新观念，以科学的、合理的、人性化的教育观念促进学校体育的发展，让学生在健康第一思想的指导下，获得身心的全面健康发展。

当前，素质教育是一种发展中的新的教育理念，它具有非常丰富的内涵。现阶段，我国素质教育还处于发展探索阶段，人们试图通过不同的途径，采用不同的教育理念去对体育教学实践进行指导，以使体育素质教育获得新的发展。

随着素质教育的不断推进，迫切需要从其他相关理论中吸收"合理内核"，以不断丰富和完善素质教育理论体系。体育是教育的重要组成部分，其服务于人的全面教育，所以在学校体育教学中，应顺应素质教育的潮流，确立"健康第一""终身体育"与素质教育相结合的体育教学理念，在体育教学中，要始终将"健康第一"和"终身体育"的指导地位放在首位，这两个教育理念的作用和价值是不可轻易动摇的。只有充分认识到这一点，才能进一步深化素质教育改革。素质教育离不开"健康第一""终身体育"，前者是后者的发展基础，后者是前者的发展要求。

三、现代体育教育理念的科学创新策略

思想对个体的行为具有重要影响。传统体育要想在学校体育教学中获得

根本上的进步必须要转变教学思想与教学理念。实践表明，只有在思想理念上做出创新，才能推动传统体育教学的改革，转变教学中不利于体育运动发展的一切困难与阻力因素。随着我国素质教育深入发展创新我国高校体育教育的理性思考是学生及时掌握运动技巧和运动技能的重要途径，也是培养学生积极向上的人生观、价值观的重要策略。[①]

现阶段，实现体育教育理念的科学创新，应从以下几方面着手进行。

（一）更新传统体育教学理念剖

我国体育教育具有悠久的历史，在漫长的发展过程中，教育理念的发展几经变化与发展，在不同的时期都对体育教学的发展起到了重要的作用。在传统体育教学发展和改革的过程中，生物体育观是其基础。在新的历史时期我国在人文体育观念的影响下，在教学改革中出现了"学习领域目标""课程目标"等一些新的概念。在教学过程中，对教学目标也进行了多方面的层次和类别划分，确立了"身体健康""运动技能""心理健康"和"社会适应"等立体化的多维健康的教育教学目标。

随着我国体育教育教学的不断发展，在我国改革开放社会经济转型的时期，素质教育被提上日程。在开展大学管理、教学等方面的活动时，处处体现着人文关怀的印记。在教学过程中，将其他所需要达到的目标穿插其中，从而让教学环境变得更加生动，学生的体育学习和参与兴趣积极性不断提高。

新时期，我们对体育教育理念也应有所转变，应以终身体育观为出发点，对体育教育的认识从低级走向高级，由封闭走向开放，由单一走向多元，由局部走向整体。在创新教育理念的指导下，应充分强调教育理念的创新性和时代性，从提高创新素质、塑造创新人格、培养创新人才出发，对体育教育规律及特征理性的认识与判断，使体育教育理念与思想更具系统性、指导性、时代性和创新性。

（二）融合多元体育教学理念

在体育教育的发展过程中，先后提出诸多体育教育教学理念，这些体育教育理念并非都是先进的教育理念，有些教育理念只在特定的历史时期对体

---

① 杨林.社会新形势下高校体育教育理念的更新与重构［J］.亚太教育，2015（25）.

育教育起到重要的推动作用。全球化背景下，各种思想文化处在不断的发展和融合之中，教育思想也呈现出这一发展趋势，随着我国改革开放的深化进行，我国的学校体育教学思想呈现出多元化的发展趋势。

随着社会和时代的变革，不同教育理念对体育教育的指导作用也会表现出不同的促进或者阻碍作用，对此应科学分析、批判继承与发展。

从国外教育理念的发展来看，以科学主义教育思想与人本主义教育思想发展为例，科学主义教育思想对经济社会的发展具有重要的促进作用，符合社会发展的主流势，随着教育价值多元性逐渐被人们深刻的认识，人本主义教育思想逐渐呈现出与科学主义教育思想相融合的趋势，现代人本主义教育思想得以确立，其关注学生的健康全面发展，值得在新时期的高校体育教育改革与发展过程中进行思考与科学教育实践指导。

从国内外教育理念的不同来看，受多方面因素的影响，国外与我国体育教学思想之间存在着较大的差异性，因此，比较与融合中外不同的体育教学思想，指出二者之间的差异性非常有必要。通过对比，我们既要吸收外国体育教学思想中优秀的部分，又要摒弃其糟粕；既要总结我国体育教学优秀的思想，也要放弃不合时代的内容，同时还要比较中外文化背景差异性，和中外体育教学思想的共性与差异性，从共性中寻找结合点，从差异性中寻找不同的功能，把中外体育教学思想有效地整合起来，进一步完善我国体育教育理念的内容，从而促进我国高校体育教学的不断发展。

（三）体育知识（技能）教育与文化（人文）教育的整合

体育知识（技能）教育是以体育知识（技能）为中心的体育教育；体育文化（人文）教育是一种由内容到层次都很丰厚的体育教育。

现代体育教育理念关注学生的全面、科学、可持续发展，关注高校体育教育教学的全面、科学、可持续发展。在具体的高校体育教育实践中，不仅要向学生传授体育知识（技能），更要传承体育文化（人文）的精髓，使学生在学习和参与体育过程中，产生对体育与体育文化的认同，提升体育与体育文化的自觉、自信，把体育融入日常生活，成为一种"新常态"，并进一步实现"终身体育"。[1]

---

[1]　张勇平.论体育教育理念的转变与更新 [J].湖北师范学院学报（自然科学版），2016，36（4）.

第四章　当代高校体育教学内容的发展与改革

体育教学内容有着悠久的发展历史，并且随着时代的不断发展和进步，体育教学内容也发生了一定的改变。因此，要充分了解和认识体育教学内容，并且在此基础上对其发展进行深入分析，同时要与普通高校体育教学的实际情况有机结合起来，有针对性和目的性地进行改革，进而促进普通高校体育教学内容的优化，为理想教学效果的取得奠定良好的基础。

第一节　体育教学内容基本理论

一、体育教学内容的概念

以达到体育教学目标为目的而进行的体育知识和技能体系等方面的选择和运用，就是所谓的体育教学内容。

在体育教学中，教学内容的选择是教育者以教育的一系列要求为主要依据，通过对前人体育和教育实践经验进行综合的总结，按照教育原则，从丰富的体育技能理论当中精挑细选出来的。教学内容在教师与学生中间扮演着中介和媒体的角色，这就对教师和学生之间的信息交流起到重要的决定性作用。

从某种程度上说，体育教学内容对体育教学的效果和质量起到重要的决定性作用。

二、体育教学内容的特点

体育教学内容有着较为显著的特点，具体来说主要表现在以下几个方面。

（一）健身性

体育的一个重要功能就是增强体能、增进健康。体育教学内容学习的实质就是学生体育知识、身体练习和技能的学习。体育教学的主要目的，就是通过对身体练习的运动负荷量以及强度进行合理的安排，通过一定的手段加以调控，从而使学生的体质得到增强，变得更加健康。体育教学内容对于学生增强体质增进健康的作用，是其他所有教学内容都不具备的。

（二）娱乐性

发展到现在，体育项目越来越多，而这些项目最早大都起源于各种游戏，然后经过长期的演变和发展而来。在体育教学中，各项教学内容也是如此，大都来自体育运动项目，由此可以认定这种体育教学的内容必定带有一定的乐趣性和娱乐性。在体育教学过程中，这种运动娱乐性主要体现在克服困难、协同作战、争夺胜利等心理过程中，体现学生对新的运动的体验和对学习进步的成就感，体现在运动的环境、场地、比赛规则、比赛形式等变化和加工方面。当学生学习某项运动技术时，本身就会存在对这种运动本身乐趣性的追求动机，因此体育教学内容本身就有一定的娱乐性特征。

（三）运动实践性

体育教学内容的实质是身体运动的一种实践，这是区别于其他教学内容的地方。体育教学内容可以说"是以有关身体运动的学习和身体运动的技能形成为主要培养目标的内容；是以运动为媒介，以大肌肉群的活动状态进行教育的内容"。体育教学内容的学习并不单单是学生大脑思维的活动，学生不光要对内容进行理解，并且要在实践中进行运动学习以及身体练习。学生在参加体育学习的过程中，要通过运动中的肌肉本体感觉的形成与动作的记忆，来判断自己是否真正掌握了教学内容。因此，在体育教学内容中，学生的学习是要将思维和行为联系起来的。所以体育教学内容的学习尤为强调练和做等实践行为，因而呈现出运动实践性的特征。

（四）教育性

对学生进行教育的载体就源自体育教学的内容，所以在选择体育教学内容时，首先想到的就应该是它的教育性。一般来说，体育教学内容的教育性主要从以下几个方面得到体现。

（1）对于大多数学生是较为适用的。

（2）有益于学生的身心发展。

（3）既有冒险性又比较安全。

（4）摒弃落后性，发展创新。

（5）避免过于功利。

（五）非逻辑性

相较于其他学科教学内容来说，体育教学内容的不同之处主要体现在：体育教学内容往往不存在一般学科教学内容之间清晰的由易到难、由简到繁的阶梯性结构；在逻辑结构上，没有明显的从基础到高级的体系；体育教学内容的排列并不是直线递进式的，而是复合螺旋式的。体育教学内容的组成是众多的相互平行的、可以替代的运动项目以及身体练习，其中有着丰富的体育与健康的理论知识。这种特性使体育教学内容在选择时的灵活性更强。

（六）人际交往的开放性

体育教学内容有很多，但大多数内容的主要形式是集体性活动，这种集体性教学活动与其他教学不同，往往是进行时空的变换。因此，在体育教学中对运动的学习练习和比赛当中学生之间有着非常频繁的交往和交流，与其他学科的教学内容相比，体育教学内容在人际交往方面无疑具有更明显的开放性。体育教学内容正是由于人际交流的开放性特点，教师与学生之间、学生与学生之间的关系才能够更加密切而开放。在这样的情况下，通过体育教学内容的学习能够帮助学生有效地提高社会适应能力。

三、体育教学内容的层次

通常情况下，可以将体育教学内容分为两个层次，即宏观层面和微观层面，具体如下。

（一）宏观层面

从宏观层面来看，体育教学内容主要包含上位层次（国家课程和教学内容）、中位层次（地方课程和教学内容）和下位层次（学校课程和教学内容）三个层次。

1. 上位层次

在体育教学中，上位层次的教学内容主要是由国家教育行政部门规定的各种教学内容，其国家对教学方法进行的行政规划和管理，体现着国家的意志，各个学校都必须以之为依据开展教学活动。

在体育教学内容的开发上，一般具有专门性，目的是使未来公民接受基础教育之后达到一个共同体育素质。在对体育课程标准或教学大纲的制定以及教学内容的编写上，要根据不同教育阶段的性质与培养目标进行。一般来说，国家教育部门制定的课程和教学内容，要比地方体育课程丰富得多。因此，国家体育课程和教学内容在体育教学中起着主体性作用。

2. 中位层次

地方课程和教学内容是学校体育教学内容的中位层次。这一层次的教学内容是在国家规定的各个教育阶段的体育课程内来进行开发的。这一层次教学内容的开发必须结合当地的具体实际进行，其开发者大多为省级的教育行政部门或授权的教育部门。地方体育教学课程和教学内容能够更好地适应当地体育发展的需要，适应当地体育发展的现状，能够更加高效地利用当地体育和教育资源，因此具有更重要的价值。

3. 下位层次

学校体育教学内容的下位层次是学校课程和教学内容。这一层次的课程和教学内容具有多样性和选择性的特点，其中主体是学校的教师，以国家课程和教学内容、地方课程与教学内容为前提进行具体实施，并科学评估本校学生的特点和需求，对当地社区和学校的体育教育资源进行充分利用，以学校的办学思想为依据。

在体育教学中，体育课程资源的开发要以国家教育方针、国家或地方体育课程和教学内容等为依据，教学内容的设计要体现出独特性和差异性，要满足每名学生的体育需求。

上位层次、中位层次和下位层次三方面的体育教学内容共同构成了我国的基础体育教学的内容体系，它需要国家教育部门、地方教育部门以及学校三者的协调努力，这样才能够促进体育教学内容的科学化发展。

（二）微观层面

课程是以教学内容为载体而实现的，以教学内容论的观点为主要依据，教学内容包含着多层意义。以教学内容具体化的程度为依据，可以将体育教学内容从微观层面分为以下几个层次。

1. 第一层次

微观层面的第一层次即体育课程标准所示的学习内容。以体育与健康课程标准规定为例，运动参与、运动技能、身体健康、心理健康、社会适应五个学习领域即是从这一层次进行的分析。这种分析实际上是活动领域的一种表述，并非常规意义上的体育教学内容。

2. 第二层次

第二层次是第一层的具体化形式。从某种角度说这是能力目标分析，也不是通常意义上的体育教学内容，如体育与健康课程标准明确的水平目标：获得运动的基础知识，说出所做简单运动动作的术语（转头、侧平举、体侧屈、踢腿等）。

3. 第三层次

这一层次指的是教学中需要具体运用到的硬件与软件等物质设施，也就是说，属于普遍意义上的教学内容教具，比如篮球、足球、体操、武术等运动项目，以及与这些项目相关的场地器材。这一层面是常规意义上所说的体育教学内容。

4. 第四层次

这一层次是具体的练习方法手段，即某项教学内容（如篮球）的下位教学内容，如练习教学内容（篮球运动的各种练习方法）、游戏教学内容（与篮球运动关系密切的游戏）等。

四、体育教学内容的分类

体育运动项目有很多，其内容也非常丰富，因此在将这些内容进行分类时，采用何种逻辑分类就成为一个重要的课题。合理地对体育教学内容进行分类能够使教师和学生更加深刻地认识体育教学内容，从而更好地参与到学习之中。

目前，关于体育教学内容的分类方法大致包含以下几大类。

（一）以体育教学目标为依据进行划分

依据教学目标进行分类，可以分为掌握体育运动技能的练习、掌握科学锻炼方法的练习、提高安全意识与能力的练习、发展体能的练习、发展学生心理素质的练习、提高学生社会交往能力的练习、提高基本活动能力的练习等。这种分类也是体育教学中一种比较常见的教学内容分类方法。

这种分类方法能够使根据多种目的的身体练习进行人为的规定得以实现，能够使教学内容具有一定的目的性，对于打破陈旧的、以竞赛为目的的教学内容编排体系也非常有利，从而保证学生能够学到比较多的体育教学内容。

（二）以体育的功能为依据进行划分

此分类方法是根据我国体育课程相关的文件，以三维健康观、体育的本质特征、国际体育课程发展的趋势为依据，将体育与健康课程划分为运动参与、运动技能、身体健康、心理健康以及社会适应五个领域并以目标为依据对体育课程的内容体系进行了重新构建，体育教学内容被。

（三）以人体基本活动能力为依据进行划分

依据活动能力进行分类，也就是按照人的走、跑、跳、攀登、负重等进行分类，进而重新分类组合各种各样的运动项目和身体练习的方法。这是在体育教学实践中比较常见的一种分类方式。这种分类方法比较灵活，不会受到正规的体育运动项目条框的限制。所以，这种方法在有利于组合教学内容的基础上对学生的各种身体动作和基本活动能力进行发展，所以这种分类模式对于低年级的学生比较适合。但这种分类在学习掌握体育运动技能、发展体能等方面的局限性比较强，对于高年级学生来说，其要求往往无法满足，容易使高年级学生缺乏体育运动的动机。

（四）以身体素质为依据进行划分

发展学生身体素质是体育教学的目标之一。依据身体素质进行分类，是一种按照力量、速度、柔韧、灵敏、耐力的分类。这种划分或者是按照与动作技能相关的体能，力量、速度、灵敏、平衡、协调、反应时间；或者是按照与健康相关的体能，身体成分、肌肉力量、心肺耐力、肌肉耐力、柔韧性等进行分类，进而对各种各样的运动项目和身体练习进行重新分类组合。

这种分类方法具有较强的针对性，对于学生正确认识各种体育运动项目与身体练习以及对体能的发展相当有利，同时能够有目的、有针对性地发展学生的体能。但此分类方法也有一定的弊端，那就是在体育运动项目中，许多项目并不是以提高某一方面身体素质为前提的，因此对待这类项目时这种分类方法显得比较模糊，而且这种分类方法使学生对体育教学内容的文化特性的认识上容易陷入误区，造成学生对体育运动文化方面的认识不足。

（五）以运动项目为依据进行划分

这是按照各个运动项目的名称和内容而进行具体的系统分类，体育教学内容大致可以分为球类、体操、田径、武术、体育舞蹈、冰雪运动、水上运动等。这种分类方法对各式各样的运动项目以及特点加以详细的划分。这是体育教学中最常见的教学内容分类方法。

这种分类方法在各个方面都更加容易理解，对于学生了解和掌握体育运动文化具有非常大的帮助。但是这种分类方法将导致一些运动项目被忽略。而且即使在正式比赛的项目中也可能由于规则、技能等方面需要具有相当高的水平而与学校体育教育不相符，所以如果将其纳入体育教育内容必须进行一定程度的改造。但经过改造后，这类教学内容往往会与本来的运动项目出现非常大的差异，会对学生在运动项目的理解和掌握造成非常大的影响。

（六）综合交叉分类

综合交叉分类是一种将基本部分与选用部分、理论与实践教学内容、各项运动的基本教学内容与提高身体素质练习教学内容等相互交叉的综合分类方法。

这种分类方法能够准确地反映不同学生的不同年龄阶段身心发展特点和对学生学习的基本要求，对达成体育教学的目标有非常突出的作用，在有助于保持运动项目的固有特点和系统性的基础上，同时增强学生进行身体锻炼的实效性，从而在体育教学内容的运用中使运动项目的技术和学生身体素质的练习同时发展，相互配合。但需要注意的是，这种分类方法无法用同一标准进行衡量，在某种程度上会导致一定的混乱。

从上述内容中可以得知，对体育教学内容的分类方法是多种多样的。体育教学内容的分类可以分成不同的层次，在不同的层次可运用不同的分类方法，但是在同一层次上则必须采用同一个分类标准进行分类。

第二节　体育教学内容的编排与选择

一、体育教学内容的编排

（一）体育教学内容的编排方式

在体育教学内容的编排中，存在循环周期的现象。这里所说的循环，是指在同一教学内容中，不同的学段、学年等范围中进行的反复的重复安排。这种循环的周期有的是课，有的是单元，有的是学期，有的是学年，甚至有的循环是在某一个学段。以跑步为例，一节体育课上要进行 100 米跑，下一次课当中仍要进行 100 米跑就是以课为周期的循环。在一个学期内安排 100 米跑，在下一个学期内的课程上仍安排 100 米跑就是以单元和学期为周期的循环。因此根据以上理论，我国体育教学学者以不同的内容性质为主要依据，对体育教学的内容的编排进行层面的划分。具体来说，可以划分为以下四个层面，每个层面都有其各自的编排方式。

（1）"精学类"教学内容——充实螺旋式。

（2）"粗学类"教学内容——充实直线式。

（3）"介绍类"教学内容——单薄直线式。

（4）"锻炼类"教学内容——单薄螺旋式。

由此可以看出，体育教学内容的编排方式主要有两种：一种是螺旋式；一种是直线式。具体如下。

1. 螺旋式排列

体育教学内容的螺旋式是当某项运动项目的教学内容的有关方面在不同年级重复出现时，逐步提高教学要求的一种排列方法。

2. 直线式排列

与螺旋式教学内容的排列方式不同，直线式教学内容的排列是学习了某一体育运动项目和身体练习的相同内容，基本上不再重复出现的一种排列方法。

以上编排方式很好地满足了新课程标准中对体育教学内容的要求，并以体育教学内容当中的自身理论为主要依据，与当前体育教学内容中的各种情况的现状有机结合起来，创新地将各个方面的内容合理编排在体育教学教学中。所以在未来很长一段时间内，这种编排方式的实用性都是非常强的。

（二）体育教学内容编排的注意事项

在进行体育教学内容编排时，需要对以下几个方面的事项进行充分的考虑。

1. 要对学生的基础与实际需要进行充分考虑

体育教学的对象是学生。因此，为了使体育教学的内容更好地符合学生的实际需求，促进体育教学质量的不断提高，应使体育教学的内容与学生的实际情况和实际需求相适应。在进行体育教学时，教师不应片面地考虑体育运动和身体练习本身的难易程度，还应依据学生的实际需要、学生的体能和运动技能基础以及其发展的阶段特征等来进行体育课程内容的安排。

2. 要对不同的体育运动和身体练习的特征加以重视

在对体育教学的内容进行编排时，应注重各种运动技能的学习、改进、巩固、提高和运用。教师在课程安排时，不仅是为了让学生懂得相应的知识，更应该注重相应的知识的运用。

二、体育教学内容的选择

（一）体育教学内容选择的依据

在选择体育教学内容时，应该按照相关的依据进行有针对性的选择。具体来说，选择体育教学内容的依据主要有以下几个方面。

1.按照体育课程目标进行选择

体育课程内容在实现体育课程目标的过程中存在的方式是手段，而不是目的。体育课程目标存在多元性的特征，体育运动项目和身体练习也具备可替代性的特征，这就使体育教学内容的选择变得更加多样性。

体育课程的目标之所以能够成为教学内容选择的重要依据，主要是由于体育课程目标在体育课程编制的过程中，在每一个阶段内都作为教学内容的先导和方向，所以它经过了多方专家的合理思考验证，对各个方面的影响都进行了认真合理的验证。因此，进行体育教学内容选择时，目标是必须遵循的，相应的体育课程目标对应着相应的体育课程内容。

2.按照学生的需要及身心发展规律进行选择

在选择体育教学内容时，学生的需要是必须考虑的。体育教学以促进学生身心发展为目的，所以对体育教学内容进行选择的一个必要因素就是学生对于体育的需要和兴趣，这对于有效的学习是非常重要的。学习需要学生的主动参与，而主动参与就是说，学生自身积极和努力是必不可少的。通常学生如果面对感兴趣的事情，那么其参与的动力就会大大增加，学习的效率也将倍增。这非常符合一些教育学者所提出的观点：如果学习是被迫的而不是出于兴趣而进行的，那么学习从某种意义上来讲可以说是无效的。

学生对教学内容的接受程度取决于其身心发展规律以及特点，因此从这个角度来说，体育教学内容必须使学生可以接受，并且感兴趣。所以在进行体育教学内容的选择时，学生的特点就决定着教学内容当中的各项要素。因此，绝对不能忽略学生的实际情况。

3.按照社会发展的需要进行选择

学生的个体发展无法脱离社会的发展。因此，体育教学能够在健康方面为学生打下良好的基础。所以在进行体育教学的内容选择时，除了考虑学生本身的需求，社会现实发展的需求也必须被考虑进去。体育内容在选择方面不能够忽视学生走向社会后发展所必需的体育素质，所以体育教学内容必须能够满足学生在社会发展当中各方面的需要。除此之外，体育教学内容必须做到与社会生活和学生生活联系在一起，这样才能让学生体会到它的作用，其功能才能得以实现。因此，体育教学内容的选择与社会实际相符是非常重要的。

4.按照体育教学素材的特性进行选择

在体育教学内容的选择上，最重要的要素就是体育教学素材。体育素材有着较为显著的特性，具体来说，主要包括以下几个方面。

（1）内在逻辑关系性不强。没有非常强的内在逻辑关系性是体育教学素材的最大特性。这种特性使体育教学内容的选择无法完全按照难易程度和学生素质来进行。因此，体育教学内容往往只是以运动项目来进行划分。但各个教材内容之间的关系是平行和并列的，如篮球和足球、体操和武术，表面上看似有联系，但这种联系并非能够分得非常清晰，而且并没有先后顺序，我们也无法判断其中一个运动项目究竟是不是另一个运动项目的基础。所以，在这里是无法确定教学内容内部的规定性和顺序性的。

（2）具有"一项多能"和"多项一能"的特点。所谓"一项多能"，就是指通过一个运动项目，能够达到非常多的体育目的。这就是说，在这个项目中有着目标多指向性的特点。以健美操为例，有人利用这个项目来锻炼身体，有人用这个项目进行娱乐，同时这个项目还有表演的作用。在很多情况下，进行健美操运动往往能实现多个功能。这就是说，学生掌握了一项运动之后，就能够实现多种目的。"多项一能"则突出了体育教学内容之间具备相互的可替代性。比如进行投掷练习，可以扔沙袋，投小垒球，还可以推实心球或推铅球。想通过体育运动得到娱乐放松，可以踢足球，可以打排球，打篮球、打网球等。这就是说，想达到目的并非只有一个项目可以实现，不同的项目同样能够做到。正是由于这个特性的存在，使体育教学内容中没有无可或缺的项目，使体育教学内容并不具备强烈的规定性。

（3）数量庞大。庞大的数量使体育教育内容相当庞杂，并且在归类上存在一定的难度。人类文明自诞生以来，创造出的体育运动项目数不胜数，而且丰富多彩，并且每一个运动的技能对于练习者的身体素质都有着各种各样的要求。鉴于这个原因，没有哪个体育教师能够精通全部的体育项目，因此体育教师的培养才要求一专多能，体育课程的设计者也很难寻找到最合理的运动组合运用到体育教学内容当中，也几乎不可能编写出适合所有地区和教学条件的教材。

（4）不同项目乐趣的关注点不同。以篮球和足球为例，其乐趣就是在激烈的直接对抗中，通过娴熟的技术和精妙的战术配合而得分。再如，在隔网类运动当中，其乐趣则是双方队员在各自的场地中通过巧妙的配合，将球击到对方场地而得分。因此，体育运动都有各自乐趣的特性使体育教学内容选择上的乐趣是无法忽略的，这同时是快乐体育理论存在的事实依据，并且这一理论在体育改革进程中产生关键影响。

（二）体育教学内容选择的原则

选择科学合理的体育教学内容，不仅要有一定的依据，还要遵循一定的原则。具体来说，选择体育教学内容应遵循的原则主要有以下几个方面。

1. 科学性原则

进行教学内容的选择时，首先要遵循的原则就是科学性原则。具体来说，可以从以下几个方面来对体育教学内容选择当中的科学性进行深入的理解。

（1）教学内容的选择必须对学生身心的共同发展有利。需要注意，一些内容虽然有利于学生身体健康，但对于学生的心理健康并不合适；反之同样可能出现这种状况。因此，教学内容的选择必须使学生开心的同时，对身体的发展要起到积极的促进作用。

（2）教学内容也要使学生能够从根本上对科学锻炼的原理和方法有深入的了解。这种了解能够便学生从事体育锻炼的自觉性和积极性得到进一步提高。

（3）教学内容本身的科学性。今后，国家会放开对体育教学内容选择的限制，不做具体的规定。因此，这就要求学校必须避免一些科学性不够强的体育项目作为教学内容进入课堂。

2. 趣味性原则

兴趣是最好的老师。因此，在进行体育教学内容的选择时，根据学生的各方面特征尽量选择他们感兴趣的有趣味的，并且在社会上比较流行的体育素材作为教学内容。毫无疑问，大多数竞技运动项目的健身价值和教育价值是不可低估的。

3. 教育性原则

在选择体育教学内容时，首先应从教育的基本观点对体育教学素材进行选择，对其是否与教育的原则相符，与社会的固有价值观是否同步进行分析。同时，要对它是否有利于学生的身心发展和身体锻炼进行明确的分析。

在选择体育课程内容时，要求必须与体育课程的主要目标相匹配，确立"健康第一"的指导思想，并以此作为体育教学内容中最基本的出发点，同时看重其中的文化内涵，在学生学习体育技能的同时更能深刻体会到体育文化修养带来的益处。学校体育在培养学生时应首先考虑对学生的品德、智力、体质等方面的全面发展是否有利，将理论与实际结合起来，在使学生了解人体科学知识的同时真正锻炼身体，还要从思想文化等方面下功夫，使其在两方面同时发展。体育教学内容的选择对于不同学段学生的发展特点和规律都要充分考虑，其个体差异与不同需求将会在其中起到很大的作用，所以要充分考虑能够确保每一位学生受益。学校进行体育教学内容的选择时，还要与各个方面的实际相符，从而确保选择时有足够的空间和灵活性。

4. 实效性原则

简单来说，所谓实效性，就是判断某项体育教学素材是否实用，是否简便易行，是否有助于学生的身心健康。在教学内容上，加强学生生活与现代社会和科技发展的联系，加大关注学生学习的兴趣，教学内容中的知识和技能要有利于学生终身体育。所以在进行体育教学内容的选择时一定选择与学生自身的体育学习兴趣和经验相接近的，以及大众喜欢的、社会上比较普及的项目，同时强调运动项目的健身娱乐效果，为学生终身体育的发展奠定良好的基础。

5. 民族性与世界性相结合的原则

在选择体育教学内容时，要在保留我国民族传统体育精华部分的同时，借鉴和吸收国外好的课程内容的设置。体育教学内容的选择应该与时俱进，体现当今时代中国的特色。

（三）体育教学内容选择的过程

选择体育教学内容，不仅要有一定的依据，遵循一定的原则，还要按照一定的程序进行。具体来说，可以将体育教学内容选择的过程大致分为以下几个方面。

1. 对体育素材的价值进行分析评估

选择体育教学内容前，体育教师应当对当今社会给予足够的关注，要从社会的生产生活、科技教育等发展的实际出发，考虑社会的发展对人的影响与要求，并以此为基点对现有的体育素材进行分析与评价。要对所选内容能否促进学生的身体健康，能否督促学生主动进行体育锻炼，能否提高学生的思想品质进行充分的分析论证，选用合适的教材内容实施教学。

2.对运动项目与练习进行充分的整合

在体育教学中，不同的体育运动项目和身体锻炼形式会对学生的身心产生不一样的作用和影响。因此，在选择体育教学内容时，要以本学校的体育教学目标为根本前提，在此基础上认真分析各个体育运动项目对学生身体功能的不同方面发展是如何促进的，然后将各个体育运动项目与身体练习进行整理与合并，并对其进行合理加工，使之成为体育教学内容。

3.选择的体育运动项目要有效

由于大多数体育运动项目都可以成为学校体育教学内容的基本素材，而且体育运动项目与身体练习所具有的多功能性与多指向性特点决定了它们具有很强的可替代性。因此，学校体育教学内容在运动项目方面可选择性强。但是由于体育教学时间有限，不可能完成全部体育运动项目和身体练习的教学。因此，体育教师要以社会的需求与条件为依据，充分考虑不同阶段学生的身心特点与兴趣爱好，选出典型、常见的体育运动项目和身体练习作为学校体育教学的内容。

4.对所选内容进行可行性分析

选好体育教学内容后，要对该体育教学内容的可行性进行分析。分析本地区地域、气候和本校的场地、器材等条件的制约与影响，充分考虑教学计划在这些特殊环境中的可行性，并保证各地、各校执行的弹性，为教师实施体育教学内容留下足够的余地。

第三节　体育教材化

一、体育教材化的概念

体育教材化是依据体育教学目的和学生发展的需要，针对教学条件将体育的素材加工成体育教学内容的过程。[①]

---

① 毛振明.体育教学论[M].北京：高等教育出版社，2005.

具体可以从以下几个方面入手，对体育教材化的概念进一步理解和认识。

（1）体育教材化是将体育的素材加工成体育教学内容的过程。

（2）体育教材化是加工过程，而这个加工过程的成果就是体育教学内容。

（3）体育教学的目标和学生发展需要是这个过程的主要依据，体育教学条件也是重要依据之一。

（4）教材化的内容主要涉及教学内容的选择、加工、编排和媒介化等方面。

二、体育教材化的意义

体育教材化有着非常重要的意义和作用，具体来说，主要从以下几个方面得到体现。

第一，体育教材化能够将最符合体育教学目标和学生发展需要的那一部分内容选出来作为教学内容，从而使内容的庞杂和在选择上的无目的性的现象得到有效地避免。

第二，体育教材化通过加工，能够使体育的素材与体育教学的需要更加相符，从而使体育素材与体育教学内容之间的差异性得到有效的消除。

第三，体育教材化可以通过编排、配伍的工作，来进一步提高选出的但还杂乱的体育教学内容的系统性和整体性，从而将体育教学内容的教育作用更好地发挥出来。

第四，体育教材化可以通过物质化的工作，使编辑加工后的但还抽象的体育教学内容走近教学情景和学生，使体育教学内容更能成为体育教学的生动载体。

三、体育教材化的基本层次

通常情况下，可以将体育教材化大致分为两个基本层次，具体如下。

（一）编制体育课程标准和编写教科书

通常情况下，国家和地方教育行政部门组织专家会负责这个层次的工作。具体来说，这个层次的工作主要包括从各种身体活动的练习中筛选出素材，进行教材的分类、加工、排列等。

（二）以课程标准和教科书为依据将教材变成学生的"学习内容"

一般地，学校的体育教研组或体育教师会对这个层次的工作负责。具体来说，这个层次的工作内容主要包括：以体育课程标准和教科书的要求和规定为主要依据，与所面对的学生的具体情况和教学条件的实际有机结合起来，把面对一般学生情况和一般教学条件的教材变成适合一个班的学生和本校场地设施条件的教材。

这两个层次之间的关系如图 4-1 所示。

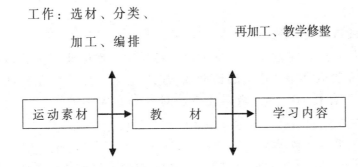

图 4-1　体育教材画的两个基本层次的关系

四、体育教材化的工作内容

体育教材化的工作内容主要有四个方面，即体育教学内容的选择、体育教学内容的编辑、体育教学内容的改造与加工、体育教学内容的媒介化。前两个方面的内容已经在上一节有所阐述，这里主要对后两个方面的工作内容进行分析。

（一）体育教学内容的改造与加工

选择出来的体育教学内容的素材，必须经过一定的加工和改造，才能够进入体育教学实践中加以应用。

在当前的教学实践中，许多体育教材化的有效方法和成功的范例取得了一定的成效，这里重点对比较具有代表性的几种教材化的方法进行分析和阐述。

1. 简化的教材化方法

简化的教材化方法是指，将各种高水平、正规的竞技运动项目在各方面（包括竞赛的规则、技术、器材和场地等）进行简化，从而使其能够更好地适应体育教学活动的开展。这种方法是现代体育教学中对教学内容进行教材化最为常用的一种方法。通过采用这种方法，能够使教学内容与学校的条件、学生的能力与需求、教学的目标以及教师的教学能力等各方面相适应，更容易进行教学操作。

2. 文化化的教材化方法

这种教材化方法是在教学中让学生通过各种文化性的要素体验运动文化的情调这种方法适宜作为技能的辅助教学内容，对于学生体验和理解体育化性质是较为有利的。这种教材化方法对高中和大学的学生是较为适用的。

3. 理性化的教材化方法

理性化的教材化方法主要通过对各种运动项目所包含的各种运动原理和知识等方面进行充分的挖掘，并将其组织安排在教学过程中的一种教材化方法。这种教材化的方法适用于高年级的学生，能够使其更好地理解和掌握各种知识和原理，并能够在以后的学习中实现"举一反三"。

4. 变形化的教材化方法

这种教材化方法从基本结构方面改造原运动，使其成为一种新的运动。适应教学的需要和学生的特点是这种教材化方法的主要目的。当前，"新体育运动项目"就是这一类运动，这种教材化在处理那些高难度的运动项目或受场地器材制约很大的运动时往往能够取得理想的效果。

5. 生活化、实用化的教材化方法

实用化、生活化的教材化方法是多种小的教学方法的结合，还包括野外化、冒险运动化等方法。所谓实用化，就是使教学内容与实用技能相结合；而生活化则是教学内容与日常生活相结合；野外化则是将正规的场地变为野外的非正规场地，或将各种场地运动转变为各种野外运动；冒险运动化就是增加一定的惊险性，激发学生的学习兴趣。这些方法能够与现实生活及各种需求相结合，并使教学内容的趣味性增加，从而能够更好地调动学生学习的积极性。

6.动作教育的教材化方法

动作教育是一种体育教育思想和体育教材方法论，是在欧美首先出现的。动作教育的教材化方法有着较为显著的特点，主要表现为将一些竞技体育运动以人体的运动原理为依据，将运动进行归类，并且提出要针对少年的教材设计，其中比较典型的有教育性舞蹈、教育性体操。

7.游戏化的教材化方法

通过一定的"情节"将各种单调的教学内容进行丰富和拓展，使其具有一定的游戏化成分，使各种教学内容能够在轻松愉悦的氛围中被学生接受。这种方式能够改变教学内容单一枯燥的特点，增强学习的效果。

8.运动处方式教材化方法

以锻炼的原理为主要依据，对运动的强度、重复次数、速率等因素进行组合排列，并且结合学生不同的锻炼身体的需要，组成处方进行锻炼和教学的教材化方法，就是所谓的运动处方式教材化方法。这种教材化方法对于教会学生运用运动处方锻炼身体是较为有利的，是一种不可缺少的教材化思想和方法。

（二）体育教学内容媒介化工作

将体育教学内容媒介化是体育教材化的最后一个工作。将选出、编辑、加工和改造后的体育教学内容变成承载在某种媒体上的教材形式，就是所谓的体育教学内容的媒介化。

体育教学内容媒介化工作的形式有很多种，其中较为主要的有教科书（包括学生用体育教材和体育教学指导用书）音像教材、挂图、多媒体课件、黑板板书、学习卡片等。这里重点对多媒体课件和学习卡片进行分析和阐述。

1.多媒体课件

教师以体育教学的需要为主要依据，用体育教学内容编辑成的计算机演示的系列材料，就是所谓的多媒体课件。当前，多媒体课件是体育教师常用的工具，计算机课件依靠计算机来演示动作，在速度调整、观看细节、多次重复演放以及视觉听觉的艺术效果等方面都具有教师的讲解、示范所无法达到的教学效果。

2.体育学习卡片

体育学习卡片是体育教材的另一种载体形式。学生在体育课中使用的一种辅助性学习材料，就是所谓的体育学习卡片。这种形式比较适合体育教学特点。

体育学习卡片的作用和运用目的不同，其运用形式也会有所不同，其中较为主要的有以下几种。

（1）在体育教学中向学生提供学习信息。以教学的内容为主要依据，教师要将动作的图示、有关的要领、技术的重点、难点和辅助练习的做法等一些必要的信息补充给学生。通过这些辅助材料，为学生准确地掌握动作的形象、概念和技术特点提供一定的帮助。除此之外，通过对一些技术难点的标示，还能够让学生在某些重要的技术环节的注意力得到有效提升。

（2）在体育教学中对学生思索问题起到积极的促进作用可以把合力、力矩、向心力、离心力、抛物线等一些概念性的问题通过公式、范例等形式展示给学生。通常来说，这些问题在体育教科书上是没有的，如果采用语言教学法，往往会出现词不达意的现象，这时候运用体育学习卡片就能够方便学生理解。

（3）在体育教学中对学生的互相交流有所帮助。在体育教学中，教师会要求学生在学习卡片上将自己在学习中的问题和进步以及对本班或本小组同学的情况分析写在卡片上的表格中，这样不仅能够对同学技术动作观察能力的提高起到积极的促进作用，还有助于同学之间的情感交流。因此有利于建立同学的团队意识和负责任的态度的。

（4）对学生自我评价有所帮助。在体育教学过程中，教师会要求学生将当时的学习感受、体会写在卡片上，这样就能使学生在课后也能通过卡片对自己课上学习情况进行总结，并且做出较为客观的评价，将上节课和下节课有机地联系起来，增加了单元教学过程的完整性。

（5）有助于师生进行交流。对教师上课情况的看法和建议以及存在的问题、疑问、发现，也写在学习卡片上，这样做能够使教师对教学情况有一个充分的了解。以此为依据，教师可以适当调整教学形式或者方法，从而使教学效果得到有效的提高。同时，也能增进师生之间的感情。

（6）对学生在课上进行自学有所助益。自学是体育学习的重要环节，学习卡片还可以作为学生自学的重要工具，有效弥补教科书的不足之处。

第四节　高校体育教学内容的发展

一、高校体育教学内容的发展

（一）高校体育教学内容的发展现状

从当前的形势来看，我国高校体育教学内容的发展现状主要从以下几个方面得到体现。

第一，从当前的形势来看，体育教学内容的数量正在不断精简，而难度在不断增加，体育运动的技术含量越来越高，这就要求有专门训练的高素质体育教师来传授。

第二，体育教学内容中的娱乐因素逐渐减少，相较于此，学生在体育课中的实际练习有一定程度的增加。

第三，发展至今，竞技体育的发展速度非常快，竞技体育事业成为各个国家和地区发展体育的重点，相比之下，正规化的、科学化的竞技体育运动，尤其是学校竞技体育运动正逐渐取代以往传统的体育教学内容，成为新型的体育教学内容。

第四，体育教学内容所需要的运动器材越发正规。由此可以看出，高校对学生开展体育课的安全问题的重视程度越来越高。

（二）高校体育教学内容的发展趋势

高校体育教学内容的发展趋势可以大致归纳为以下几个方面。

1. 对终身体育目标的要求进行充分考量

高校学生终身体育观念的建立和形成，高校体育在其中起着至关重要的作用。终身体育目标的达成取决于学生参加体育所需的技能、知识和态度。所以教学内容应当更加注重健身性、运动文化传递性与娱乐性，在健身价值和终身运动性强的运动项目中间做出选择。

2. 更加注重体育运动的规律性

以往在选择体育教学内容时总是根据各个体育项目中的逻辑关系进行选

择，但事实是体育教学内容的逻辑性几乎是不存在的，所以这种方法是不科学、不合理的。因此，在未来选择体育教学内容时，要注重寻找体育学科中内在的一些规律，体育课程中的内容挑选往往都是学生喜欢的，富有时代性的，并且根据年龄和学段的不同，在教学内容上加以区分。

3. 学生价值主体受到的重视程度越来越高

受各方面因素的制约和影响，体育教学内容的选择并不是一蹴而就的，需要综合各个方面的因素进行考虑。在过去的体育教学大纲中，体育教学内容的选择与确定往往更重视教育工作者对于教学内容的价值取向，因此重视的仅仅是教师的教。而随着体育教学改革的进行，越来越多人开始重视学生对体育教学内容的价值取向，所以根据学生的学而进行体育教学内容的选择的方式更加普遍。

4. 更加注重教学主体发展的全面性

在传统体育教学理念和模式下，以往的体育课程大都是以提高学生跑、跳、投等身体素质为目的的一种体能达标课。新的教学改革大纲出台之后，学校教育往往更加强调素质教育，因此学校对于学生素质的全面发展肩负着无比重大的责任。因此在选择与确定体育教学内容时，同样要符合素质教育的要求，使学生在身心方面都能获得全面的发展。

5. 不断引进民族特色项目

通常情况下，富有趣味性和新奇性的运动项目总会受到广大学生的青睐，因此在选择与确定体育教学内容时也要注重推陈出新，改革与发展一些新颖的运动项目。除此之外，我国多民族的特性决定了各个民族都有出色的民族特色体育项目，这些民族项目既各具特色，又有良好的健身价值，在体育教学内容的选定中应适当根据具体情况加以选用。

二、高校体育教学内容改革的思路

针对当前高校体育教学内容的发展情况和改革中出现的问题，为了更好地促进高校体育教学内容的完善，需要对此进行进一步的改革，其中可采纳的基本思路主要有以下几个方面。

（一）遵循以人为本的思想，满足体育教学主体的需求

首先要将指导思想确定下来，然后再对教学目标及目标的内含进行准确

的定位。同时，要与高校教学的实际情况有机结合起来，以学生的主体需要为出发点，有针对性地对体育教学内容进行选择。当前，高校体育主体的需要已经发生了较大的变化，因此，体育教学的内容也应该适应这种变化，有针对性地增加健美、舞蹈、韵律体操、轮滑等一些趣味性强的项目。这样不仅能够使教学内容得到进一步丰富，还能够更好地调动学生参与学习的积极性，满足学生的需求。

（二）要重视隐性体育教学内容

作为体育教学内容的一个重要组成部分，隐性体育教学内容也包含着很多具体的方面，其中较为主要的有道德修养、体育精神、思想作风等无形的内容。对学生的纪律观念、集体观念、社会道德水平和意志品质进行积极有效的培养能够对学生产生潜移默化的影响，这对于学生体育文化素养和体育道德水平的提高有着积极的促进作用。同时，这对于学生更好地适应激烈竞争社会也有所助益。

（三）增加健康教育的内容

教学内容要充分的健康化，要充分提取、利用教材中的健康教育因素，实现体育与健康教育的结合。在选择教材内容时，为了能够有效完成增强学生体质的重要任务，高校体育需要在体育教学内容中增加有关健康教育的相关内容。具体来说，就是要增加那些学生乐于参加，并且对学生身心健康有利的体育项目，将难度大、重复多，且单调枯燥、学生不感兴趣的项目删除。要以学生身心发展的特点以及知识和能力的水平为主要依据，对教学内容进行有针对性的安排，从而使教学内容的实用性和趣味性得到有效提高，将学生的学习兴趣有效激发出来。

第五章　当代高校体育教学方法的建设与发展

作为实现体育教学目标、开展体育教学活动的主要途径和手段，体育教学方法的体系建设与体育教学目标实现的程度有着直接的关系，体育教学方法的科学与创新性对体育教学的质量也有着决定性的影响。鉴于体育教学方法的重要作用，本章特对现代体育教学方法体系的建设与发展进行探讨与研究，重点探讨的内容有体育教学方法的基本知识、常见体育教学方法及科学选用、体育教学方法体系的构建及其创新发展。

第一节　体育教学方法的基本知识

一、体育教学方法的发展历程

体育教学方法是在体育教学现象出现以后才产生的，但这并不意味着其产生于课堂体育教学之后。在民间传统体育的传授过程中，一些教学方法就已经得到了普遍的应用，只是当时人们对教学方法还未形成一个科学和系统的认知，因而没有对其进行深入的研究。所以，现代意义上的体育教学方法是在现代体育教学产生以后才出现的，其时代性特点较为突出。我们可以将体育教学方法的发展历程分三个阶段来研究，具体如下。

（一）体操和兵操时代

在传统社会中，体育运动发展的一个重要助推力就是军事战争。在封建社会和资本主义社会的早期，为了使士兵的作战能力不断提高，会要求士兵进行体育运动方面的训练。这时体育教学方法以训练式和注入式为主，相对而言比较单调。训练式和注入式的传统教学方法对大运动量的不断重复作了特别强调，主要就是通过苦练来增加士兵的运动记忆，并促进其体能的不断增强。

（二）竞技运动时代

近代以来，竞技运动随着资本主义社会的不断发展而得到了快速的进步与发展。竞技运动项目在近代的大量增加是其快速发展的集中体现。这一时期竞技运动以公正、平等为指导思想，并且将众多的文化因素融入其中，表现出了勃勃的生机和充沛的活力。竞技运动的发展对运动员的运动技能提出了较高的要求，而如果只是一味地苦练并不能与这一要求相适应，因而改进体育教学方法势在必行。这一阶段，体育教学效率有了明显的提高，一些新的体育教学方法，如演示法、观察法以及小团体教学法等开始逐步出现。

（三）体育教育时代

随着体育运动在现代社会的不断发展，体育运动日益成为学校教育的重要组成部分。作为一种文化现象，体育的内容也得到了极大的拓展。健康教育、心理训练、安全教育、体育咨询、体育培训等方面的知识在体育运动中都有涉及，体育的知识和技能都得到了快速且全面的发展。体育教学内容的丰富与拓展直接推动了人们对体育教学方法研究的不断深入。体育教学方法的深入研究要求学生要对相应的体育知识和技能加以掌握，要求学生全面发展，即身体素质、心理健康、运动欣赏能力等都得到提高与发展。现代社会，科学技术的发展也取得了大量的成果，因而直接促进了一些新的体育教学方法的产生。计算机、录像、电影等多媒体技术的发展，使运动表象和感知等方法得到了快速的深化发展。至此，现代体育教学方法的发展向着科学、规范、更高层次的方向迈进。

需要强调的是，新的体育教学方法的产生与发展并不意味着传统体育教学方法的消失。在不同的时代背景下，都会有与这一阶段生产力和科学文化水平相适应的体育教学方法出现。这些新的顺应时代发展潮流的体育教学方法与传统体育教学方法相互结合，相互借鉴，共同推动体育教学的改革与发展。体育教学方法是随着时代的变革而不断发展的，且随着教学环境、教学对象和教学内容等教学各要素的发展，体育教学方法也逐渐呈现出不同的阶段性发展特点。

二、体育教学方法的概念及组成要素

（一）体育教学方法的概念

教学方法是师生为实现课堂教学目标和完成教学任务而采用的教学活动的总称，它是一种行为或操作体系，包含着教师的教和学生的学两个层面的具体方法。体育教学方法就是实施体育活动所有的手段和方式的总和。[①] 我们可以从以下几个方面来理解体育教学方法的概念。

1. 体育教学方法是"教"与"学"的统一

体育教学方法体现了教与学的统一，只有通过师生间的双边互动，才可以将体育教学方法的价值与作用更好地发挥出来。我们可以将体育教学活动简单地理解为两个方面的内容，即"教师的教"和"学生的学"。体育教学活动中，教师和学生都是以主体的角色发挥作用的。教师在体育教学中选用具体的教学方法和手段都是以学生为主要对象的，教师和学生之间的关系极为密切。只有在师生的双边互动中，体育教学任务和目标才能得以顺利实现。因此，教和学两方面的内容贯穿于体育教学方法实施的整个过程。

2. 体育教学方法是师生动作和行为的总和

体育教学方法的贯彻与实施是在师生互动中实现的，体育教学方法也是师生行为动作总和的体系。体育教学方法与其他科目教学方法的主要不同之处在于，体育教学方法不仅对教学语言要素较为重视，而且对动作要素有更加突出的强调。体育教学过程中，学生掌握各种动作都离不开教师的讲解、示范以及纠正，只有在此基础上，学生重复进行练习，才能对相应的技术动作进行准确且熟练地掌握。所以说，体育教学方法是教师和学生双方动作和行为的总和。

① 毛振明.体育教学论[M].北京：高等教育出版社，2005.

3.体育教学方法和教学目标不可分割

所有的体育教学方法都具目标性，体育教学方法与体育教学目标之间具有密切的联系，教学方法的选择与实施主要就是为实现体育教学目标和任务而服务的。体育教学方法和体育教学目标之间具有不可分割性，如果强行将两者割裂，那么体育教学方法失去了明确的方向，在具体的运用中就会表现出一定的盲目性。反过来，如果体育教学目标与任务没有体育教学方法的贯彻实施，也将无法顺利实现与完成。

4.体育教学方法的功能具有多样性

现代体育教学不仅注重学生动作和技术的掌握，以及各方面身体素质的增强，它更加注重学生的全面发展。因此，体育教学方法的功能也具有了多样性的特点。多功能的体育教学方法不仅能够在一定程度上促进学生运动能力的增强，还能够促进学生思想道德品质、心理素质等方面的发展，这对于学生的全面发展具有积极的意义。

（二）体育教学方法的组成要素

组成体育教学方式与方法的要素有很多，主要可以归纳为以下几个方面。

1.目标要素

体育教育方法必须要有一个指向的教育目标。目标作为体育教育的基础，没有它也就没有方法可言。教学方法主要是为教学目标而服务的。

2.语言要素

语言要素包括多种形式的语言，如口头语言、肢体语言等。

3.动作要素

动作要素包括身体各种运动动作。在体育教育的本质中提到过，体育是以人的身体训练为手段的活动，所以身体训练是必不可少的，永远不能脱离。这是体育区别于德育、智育的主要特点。

4.环境要素

环境要素包括学校的地理位置以及气候、风土等自然现象。此外，还包括配合教学活动而采用的体育器材与场地设施。

三、体育教学方法的特点及分类

（一）体育教学方法的特点

1.双边互动性

任何一种体育教学方法都是教师指导学生学习这一双边活动的方法。它是由教师教和学生学组合而成的。具体来说，在体育教学方法的实施过程中，教师教的方法对学生学的方法具有一定的制约性影响，学生学的方法也对教师教的方法产生影响。所以，师生在体育教学中相互联系、相互作用和相互统一活动的特点在体育教学方法中有着充分的体现。我们不能错误地将体育教学方法理解为教师教的方法与学生学的方法的简单相加。

2.多感官参与性

体育教学过程中，所有参与者都必须将自身的各种感觉器官充分调动起来。在教学活动中，教师和学生不仅要通过视觉与听觉来对信息进行接收，还要在中枢神经系统的指挥下，运用身体的触觉、位觉、动觉等来进行动作的示范和练习。通过本体感觉来对机体在做正确动作时动作的用力大小、运动方向、动作幅度等进行感知，以对正确的动作定式进行体会，从而对机体完成动作进行更加有效地控制。这些也都充分体现出了体育教学方法的多感官参与性特点。

3.感知、思维和练习的组合性

体育教学活动中，学生需要动员多种感官来接收教师发出的信息，这是由体育教学目标和教学程序共同决定的。学生利用大脑皮层对教学信息进行接收，并经过大脑的分析加工和处理后以指令的形式对机体进行指挥，从而使机体顺利完成相应的动作。在这个过程中，学生需要充分运用感知、思维，并进行不断的练习。感知是学习的基础，思维是学习的核心，练习是学习的结果。体育教学方法将感知、思维和练习三个环节紧密结合在一起，将体育教学过程的认识与实践、心理与身体有机结合的特点充分体现出来。

4.运动与休息的交替性

在体育教学活动中，个体的身体活动和心理活动之间有着非常紧密的联系。学生通过感知动作及思考、记忆、分析等心理活动对动作技术和运动技能进行掌握。教学过程中，学生生理和心理难免会承受一定的负荷，当这种负荷持续不断地作用于学生的机体后，学生必然产生运动性疲劳。疲劳现象会降低学生的学习兴趣和学习效率。所以，教师要对体育教学方法进行合理的采用，对运动锻炼的间歇时间做出合理的安排，要做好运动与休息的科学调配，唯有劳逸结合才能提高教学效率。

5. 继承性

体育教学方法具有历史继承性。在长期的体育教学实践中，人们为了促进教学实效性的提高，对教学方法的探讨与研究非常重视，并且积累了较为丰富且宝贵的实践经验。有些教学方法是体育教学客观规律在一定程度上的反映，至今仍具有广泛的影响力，值得我们对其进行认真的总结与整理，并对其合理的部分进行借鉴。任何新的体育教学方法要绝对地从零开始都是不可能的，它必然是借鉴多方面传统教学方法的结果，并在新的历史条件下将新的内容赋予其中，使其具有更新的意义与更显著的价值。

（二）体育教学方法的分类

当前，学校体育理论界针对体育教学方法提出的分类方法越来越多，而且越分越细。划分依据不同，体育教学方法的类别自然也就不同，具体如表5-1。

表5-1　体育教学方法的分类

划分依据	类　别
体育教学方法的本质特征	（1）体育教学中的一般方法 （2）体育教学中的特殊方法
体育教学目标	（1）传授理论知识的方法 （2）技能教学的方法 （3）锻炼的方法 （4）教育的方法
教学活动中获得信息的性质和功能特征	（1）基本信息的手段和方法 （2）辅助信息的手段和方法
师生双边活动	（1）讲授法 （2）学习法（包括练法）
教学活动中获得信息的主要途径及其来源	（1）语言法 （2）直观法 （3）练习法

四、体育教学方法的层次

体育教学方法具有一定的层次性，主要包括体育教学策略、体育教学方法和体育教学手段三个层面。

（一）教学策略

教学策略在体育教学方法层次中居于"上位"层次。它是体育教学方法在广义范围上的概念，是传统定义中教学方法的组合，是教师通过组合多种手法和手段进行教学的行为方式。[①] 通常也可以将体育教学策略称为体育教学模式或方式，单元和课程的设计与变化是体育教学策略的集中体现。例如，发现式教学法作为一种广义的教学方法，由模型演示、提问法、总结归纳法、组织讨论法等多种传统定义的教学手段组合而成。

（二）教学方法

教学方法在体育教学方法的层次系统中居于"中位"层次。它是体育教学方法在狭义范围上的概念，基本与传统意义上的教学方法等同，是体育教师通过一种主要手法的运用来进行教学的行为方式。例如，提问法这一具体的教学方法就是为了实现某个教学方式而采用的，是通过对提问和解答这两种具体方法的运用来实现一个教学方式。体育教学方法也可称为"体育教学技术"，通常是在体育课的某一教学步骤上体现出来的，并由于体育教师条件的不同而在选用和变化上也会出现一定的差异。

（三）教学手段

教学手段在体育教学方法层次中居于"下位"层次。它是传统定义上教学方法的组成部分，也是教师通过对一种主要的手段进行采用而开展教学活动的行为方式。体育教学手段也可称为"教学工具"，体育课的某一个教学步骤中更为具体的教学环节上一般会采用各种教学手段。

---

① 毛振明.体育教学论[M].北京：高等教育出版社，2005.

五、体育教学方法的意义

体育教学方法在体育教学活动的构成系统中居于非常重要的地位。体育教学方法不仅在教学活动的开展过程中发挥着重要的作用，而且即使教学活动结束之后，教学方法的影响依然不会在短时间内完全消失，这是体育教学内容、环境等其他构成要素所无法比拟的。具体来说，体育教学方法具有如下几方面的意义。

（一）促进教学任务的完成

体育教学方法在体育教学活动中是体育教师与学生双方互动的主要连接点。科学有效的体育教学方法有利于将体育教学活动中的两个重要主体（教师与学生）紧密连接起来。这一连接有利于促进体育教学目标与任务的顺利完成。倘若缺乏科学有效的体育教学方法，将难以使预期的体育教学目标顺利实现，也无法高效地完成教学任务。

（二）促进良好体育教学氛围的营造

科学合理的体育教学方法可以促使学生参与体育学习的积极性不断提高，促使学生学习兴趣不断高涨，也有利于加强良好教学氛围的营造。良好的教学氛围又有利于感染学生，引导学生主动参与学习，从而形成一种良性循环。体育教学方法的科学运用对于促进学生对体育教师的信任度的提高非常有效，教师一旦赢得了学生的信任，就很容易引导学生来学习体育课程，因而和谐的体育教学气氛就会形成。

（三）促进学生身心素质的全面发展

体育教师选用教学方法容易受科学思想的感染与熏陶，因而所采用的方法必然具有一定的科学性。采用科学恰当的教学方法进行体育教学，对于促进学生的身心全面发展非常有益。相反，倘若教师在教学过程中选用的是不具备科学性与不恰当的教学方法，就会对学生身心的健康发展造成制约。我们可以将体育教学活动中体育教学方法的实施过程看作是学生对体育运动技术进行体验与锻炼的过程。所以，教师不仅要向学生传授体育方法论的相关知识，也要对学生的训练实践进行引导，促进学生身心的全面健康发展。此外，科学的体育教学方法对于培养学生的丰富情感、锻炼学生的意志品质也是非常有益的。总之，学生的全面发展直接受体育教学方法的深入影响。

（四）促进体育教学质量的提高

科学的体育教学方法能够通过充分调动各种有利的因素来促进学生学习兴趣与热情的不断提高，引导学生将其主观能动性充分发挥出来，从而促进学生学习效率的不断提高，最终促进体育教学质量的优化。

第二节 常见体育教学方法及科学选用

一、常见体育教学方法分析

（一）语言教学法

1.讲解法

作为一种基础的语言教学方法，讲解法在体育教学过程中的运用最多、最广泛。几乎整个体育教学过程中都会运用到语言讲解的教学方法。体育教学中，教师通过语言描述的方式向学生说明教学的任务、内容、要求、动作名称、动作要领等，以达到预期教学效果的方法就是所谓的讲解法。这种教学方法一般在体育教学的初期具有非常重要的作用。在初步学习技术动作时，体育教师需要先通过讲解法向学生描述这一技术的基本动作和难点要点，使学生对该动作技术形成一个初步的认识和了解，从而为进一步的学习与练习奠定一定的基础。教师在对讲解法进行运用时，要对该方法的科学性和艺术性特点予以一定的重视，以促进该方法运用效果及整个教学效果的提高。教师应在教学过程中不断进行经验的总结，在语言表达上要做到精益求精。

体育教师在运用讲解法进行教学的过程中，应注意以下几个方面的要点。

（1）要有目的地讲解。在对讲解内容、方式进行选择，对讲解语气、速度进行调整时，教师应依据学生的特点、教学的目标和教学内容来进行，抓住讲解的重点和难点。

（2）注意所讲解的理论知识要准确、权威，所讲解的技术内容要与技术原理相符，并充分考虑学生的接受能力。

（3）讲解的方式和深度要以学生的实际情况为依据来调整。

2. 口令法

有确定的内容和一定的顺序与形式，并以命令的方式对学生活动进行指导的一种语言教学方式即为口令法。在体育教学活动中，口令法一般出现在队列练习、队形练习、基本体操、队伍调动等活动中。在具体运用中教师应准确、清晰、洪亮、及时地发出口令，并注意以人数、形式内容、对象等特点出发对自己的语调语速进行控制。

3. 指示法

体育教师通过简明的语言来指导学生进行活动的语言教学方法即为指示法。教师在对指示法进行运用时，应注意做到准确、简洁、及时等几方面的要求，且尽量用正面词。指示法主要有以下两种运用形式。

（1）在学生练习时未能意识到的、关键的动作中运用。

（2）在组织教学中运用，如场地布置、整理器材等。

4. 口头评价

体育教师在一定的标准和要求下，对学生的练习或比赛进行一定客观评价的方法即口头评价教学法。教师对学生掌握运动技能和思想作风等方面的情况所作出的反馈集中通过口头评价反映出来，通常在学生结束练习后马上进行指导或提出新要求。因为学生一般对动作的记忆大多是在大脑皮层的短时间储存，超过 25—30 秒就会消退 25%—30%，因此教师的口头评价最好在学生完成动作后的 25—30 秒内。

（二）直观教学法

体育教学中，教师通过实际的演示或外力帮助，借助学生的视觉、听觉、触觉、肌肉本体感觉等器官来对动作进行直接感知的教学方法即直观教学法。[①] 一般将体育教学中常用的直观教学法细分为以下几种具体方法。

---

① 李启迪，邵伟德. 体育教学基本理论研究 [M]. 北京：北京师范大学出版社，2014.

1. 动作示范法

体育教学中，教师为帮助学生对技术动作进行认识和了解，经常使用动作示范法。具体就是教师以具体动作为范例，帮助学生对动作规范、结构、要领和方法进行直观的掌握。学生通过观看教师正确优美的动作示范，可以建立正确的动作表象，学习的兴趣也会因此而提高。教师在运用直观教学法进行教学的过程中，应着重注意以下几个方面。

（1）教师在示范时，不要一味展示自己的技术水平，要明确示范是要达到什么目标，要使学生从中获取什么信息，要考虑如何示范才更容易使学生更清楚动作要点。

（2）注意对动作示范位置与方向的选择。教师要先让学生按照一定的队形排列，然后根据该队形的特点来选择示范的位置与方向，教师进行这一选择的关键就是要让全体学生都能观察到自己的动作示范。

（3）教师的示范动作要准确、熟练、轻快、优美，从而激发学生的学习兴趣。

（4）示范的过程中，配合语言讲解。因为如果单纯示范，学生不容易对其中的要点进行把握，这时就需要教师通过语言讲解来提醒学生哪些是重点，哪些是容易出错的地方。

2. 多媒体教学法

随着现代化技术的不断进步与发展，越来越多的现代化技术逐渐被运用到了体育教学中来。多媒体教学法就是在此环境中被广泛运用的，它是教师通过给学生播放幻灯片、投影、电影、电视、录像等进行教学的方法，这种教学方法的主要特点与优势就是生动、形象、真实。

在运用多媒体教学法的过程中，教师应注意在综合考虑教学目标及学生特点的基础上选择适宜的影像等内容来播放。如果将电视、电影、录像等的播放与讲解示范练习有机结合，将会收到更好的教学效果。边播放边讲解，或适当停顿讲解，学生可以获得直接的思维感受。

3. 条件诱导法

以某种条件为诱因，同时与体会动作相联系，达到直观作用的方法就是所谓的条件诱导法。例如，长跑项目教学中安排一名领跑员，不仅有利于形成长跑中的一种带领性的速度感，而且也有利于队友间的相互保护。牵引性的助力和对抗限制性的阻力，能较快地建立学生对完成动作的时间感与空间感。

此外，为了使某些动作能够更加富有节奏感，就可以通过采用音乐伴奏或借助节拍器来达到这个目的。

4. 直观教具与模型演示

教师在体育教学中难免会用到一些教具和模型来进行辅助性的教学，这些教具与模型都是具有直观性特征的，如挂图、图表、照片等，通过这些用具来对教学内容进行讲解，有利于帮助学生建立正确、完整的动作表象。

教师不仅可以采用教具让学生进行长时间的观摩，还可根据情况对某个细微的环节进行突出的强调，因此教师应将图表、模型和照片等直观教具充分利用起来。采用教具与模型演示方法对于帮助学生直观了解技术动作的全过程非常有效。此外，教具、模型的演示还可以吸引学生的兴趣与注意力，从而提高教学效率。

5. 助力与阻力教学法

在体育教学过程中，体育教师借助外力使学生通过触觉和肌肉的感觉对正确的动作用力时机、用力大小、用力方向、动作时空特征等进行体验的教学方法就是助力与阻力教学法。

体育动作的技术教学环节一般会比较多地采用助力与阻力教学法，这是一种能够帮助学生对正确技术动作进行有效掌握的直观教学方法。

6. 领先与定向教学法

（1）领先教学法。教师通过对具体的动态视觉信号加以利用，来给学生提供相关指示的教学方法即为领先教学法。例如，在体育教学过程中，教师可以对动态的、超前的视觉信号进行利用，给学生施加相应的刺激与激励，帮助学生将技术动作顺利完成。

（2）定向教学法。教师通过具体的静态视觉标准的利用来给学生提供相关指示的教学方法就是定向教学法。例如，在体育教学中，教师为了向学生指示动作的具体方向、轨迹、幅度等，对标志物、标志线、标志点等进行合理的运用。

（三）分解教学法

体育教师在教学中，将完整的动作技术合理地分解成几个部分与段落，将动作的各部分逐个教授给学生，在学生对各部分动作都熟悉后，再完整地向学生教授整个动作技术的教学方法即为分解教学法。[①] 把动作技术的难度相对降低，便于学生掌握教学重难点，便于突出教学重难点，从而提高学生的学习自信是这种教学方法的主要优点。学生难以对完整动作进行领会，有可能只是单独掌握一些局部和分解动作是这一教学方法的不足之处。运用分解教学法时，应注意以下几点。

（1）体育教师要采取相对合理的分解方式分解动作，具体应根据动作技术的特点进行。

（2）体育教师对动作技术的段落与部分进行划分时，还要对各部分之间以及各段落之间的有机联系进行考虑，尽可能保持动作结构的完整性。

（3）对于完整动作中各部分与各段落的地位与作用，体育教师应有所明确，并为最后的动作组合做好准备。

（四）完整教学法

完整教学法是体育教师在教学过程中从开始到结束不分解动作，完整地对动作进行传授的教学方法。它主要可用于以下几个方面的教学中。

首先，动作结构较为简单，对于协调性没有过高要求，方向线路变化较少。其次，动作虽较为复杂，但各部分间密切联系，不宜对其进行分解。最后，虽然动作较为复杂，但学生储备了足够的运动能，拥有较强的运动学习能力。用于应该分解而又不宜分解的动作时，容易给教学造成不良影响，这是完整教学法的不足之处。

具体的体育教学实践中，完整教学法的运用主要有以下几个方面的注意事项。

1. 直接运用

在对一些较为简单、容易掌握的动作进行教授时，教师进行讲解与示范后，指导学生直接练习完整动作。

2. 从教学重点进行突破

例如，体操或跳水运动中有一些空中翻腾动作，教师虽然不能对其进行分解，但对于其中的动力、动作时机和动作要领等要素，教师还是可以进行一一分析的，教师或用辅助的方法使学生体会动作感觉，并进行重点练习。

---

① 李启迪，邵伟德.体育教学基本理论研究 [M].北京：北京师范大学出版社，2014.

3.降低难度

在完整练习时，减轻投掷器械的重量，降低跳高横竿的高度，缩短跑的距离与降低速度，或徒手完成一些本来持器械的完整动作等。

（五）程序教学法

程序教学法也称为"学导式教学法"或"小步子教学法"。它是以认知规律和技能形成规律为依据，将体育教学内容分解成为若干小步子（相互联系），使之组成方便学生学习的逻辑序列，并且对相应的评价信息反馈系统进行建立的教学方法。① 在教学过程中，学生按照分解后的小步子逐步学习，在学习后进行及时的评价，并依据评价的结果对学习效果进行即时的反馈。如果评价后发现达到了预定的标准，则按顺序进行下一步的学习。

程序教学法的整体模式如图 5-1 所示。

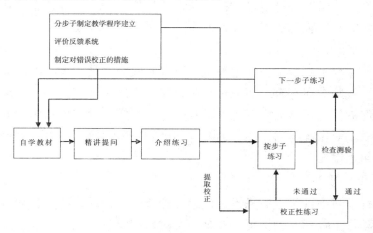

图 5-1　程序教学法的整体模式

（六）预防与纠正错误教学法

在体育教学过程中，学生因为各种原因而产生这样或那样的错误动作是在所难免的。如果没有将这些错误动作及时发现和纠正，学生错误的动力定型就很容易形成，从而对其掌握正确的技术动作和技术水平的提高造成消极

---

① 李启迪，邵伟德.体育教学基本理论研究［M］.北京：北京师范大学出版社，2014.

的影响，更严重的还会造成运动损伤。因此，在体育教学中，教师必须采取积极有效的措施来对学生所出现的一些错误动作进行预防和纠正。

体育教学中运用预防和纠正错误教学法主要有以下几种常见的形式。

1. 降低难度

在体育教学过程中，学生体能素质较低、心理紧张、认识不足等原因都会导致动作的错误。对此，教师可通过降低动作难度来避免这一现象的发生。具体来说，教师可采用改变练习条件、分解完成动作等方式来对技术动作的难度进行调整。降低难度可以使学生将技术动作轻松地完成，从而促进其自信心的增强。

2. 外力帮助

学生感受正确动作的方法即为外力帮助法。在体育教学课上，如果学生在学习动作时对用力的部位、大小、方向以及幅度等不清楚，就很容易做出错误的动作。这时教师可通过对推、拉、托、顶、送、挡等外力来帮助学生对正确动作的本体感觉加以体会，最终达到纠正错误的效果。

3. 强化概念

在学习过程中，学生正确理解概念可以有效促进其在大脑中形成正确的动作形象。教师在体育教学实践过程中，应注意通过采用讲解、示范、对比等方法来促进学生正确动作概念的不断强化，促使学生正确动作表象的顺利形成，使学生对正确与错误动作的差异和区别有所明确，使学生主动避免错误或及时纠正错误。

4. 转移练习

在体育学习中，学生的恐惧、焦虑心理或受旧运动技能的影响也会使其出现错误动作。针对这种情况，教师应及时转移学生的练习，通过采取变换练习内容的方法利用一些诱导性和辅助性的练习，促使学生摆脱已经形成的错误动作定式，进而促进正确的动作定式的形成。

5. 信号提示

信号提示指的是学生在学习与训练技术动作的过程中，由于用力时间或用力方向不当而表现出错误的动作时，教师及时给予信号指示，帮助学生改正错误动作。听觉信号、口头信号、视觉信号等都是教师具体采用的信号提示方法。此外，标志线、标志点、标志物等也有利于帮助学生对错误动作的预防与纠正。

二、体育教学方法的科学选用

（一）体育教学方法的合理选择

1.体育教学方法合理选择的参考依据

（1）依据体育教学目标进行选择。体育教学目标具有多层次性的特征，具体体现在身体发展目标、知识发展目标、技能发展目标、社会发展目标以及情感发展目标等方面。为了促进这些不同层次教学目标的实现，教师应对不同的教学方法加以采用。在体育教学中教学目标并不是孤立的，它是多种目标的综合，而每一单元、每一堂课目标的侧重点是不同的。所以，在教学过程中，教师应以具体的课堂教学目标为依据对重点发展某一方面的教学方法进行合理选择。体育教学总目标是通过一个个课时教学目标的逐步实现而最终实现的。课时教学目标具有一定的指导性，而且其包含着丰富的内容，既有运动技能和运动理论方面的内容，也有心理和品质品格方面的内容。针对这些不同内容的教学目标，教师应选择与之相适应的科学教学方法来进行具体的教学。

（2）依据体育教材内容进行选择。体育教学内容与教学方法之间密切联系，针对不同的教学内容，应采用不同的教学方法，如对于理论方面的内容，适合采用语言教学法；对于实践方面的内容，适合采用直观示范教学方法。可见对教学方法的选择受不同性质的体育教学内容的影响。同一种教学方法运用于不同教学内容上会产生不同的效果。所以，体育教学过程中，教师应注意对教学方法的灵活选择。

（3）依据教师的自身条件进行选择。作为体育教学方法的实施者，体育教师自身的素质对于教学效果与质量具有直接的且非常重要的影响。倘若体育教师自身的能力和素质水平较低，则其难以将体育教学方法应有的作用很好地发挥出来，从而制约教学活动的顺利进行。因此，教师在选择相应的教学活动时，应对自身的专业素养能力水平以及教法特点有着客观的理解。

一般而言，体育教师需要对众多的教学方法进行熟练掌握，这样才可以从自身以及学生的实际情况出发对最佳的教学方法进行选择。不同教师根据学生实际状况采取同样的教学方法，也会得到不同的教学效果。可见教师自身条件极大地影响着体育教学活动。所以，教师要有意识地提高自身的素质，优化自己的教学风格，对更多的教学方法加以尝试与熟练运用。

（4）依据学生的实际情况进行选择。在体育教学过程中，教学方法的实施主要以学生为对象，促进学生更好地学习是运用各种不同教学方法的最终目的。因此，在选择相应的体育教学方法时，应与学生特点及其实际情况（年龄特点、性别特征、身心发育状况以及相应的知识储备和学习能力等）相符合。

（5）依据体育教学物质条件进行选择。在体育教学活动中，体育教学物质条件对教学方法的选用有很大程度的影响。学校的体育教学器材、场地以及设施等都属于教学条件的范畴。倘若学校拥有全面且先进的教学条件，那么体育教学方法的功能与作用就可以得到良好的发挥。相反，倘若教学条件不全面，则会直接影响体育教学方法的作用与价值的充分发挥。例如，在背越式跳高的教学中，采用海绵块练习的效果要优于采用沙坑练习，主要是因海绵块相对干净，比较安全，学生在海绵上练习不会有很大的心理负担，而且神经系统兴奋性会处于较高的水平。在体育馆内进行体育教学，能够避免受到周围环境的影响，能够提高体育教学方法的使用效果的。对现代化体育教学手段的充分运用，能够有效弥补教师动作示范中的某些缺陷，从而提高体育教学质量。所以，体育教师在对教学方法做出选择时，要充分考虑体育教学物质条件。

（6）依据不同体育教学方法的功能与适用条件进行选择。不同的体育教学方法拥有不同的特点功能、适用条件与范围，而且不同的教学方法都具有自身的优点与不足。在体育教学活动中，各要素组合的合理性对体育教学方法的作用与价值的充分发挥具有非常重要的影响。有时，一种教学方法可能适合在某个体育项目的教学中采用，而且效果良好，但不适宜在其他项目的教学中采用，而且会产生制约教学活动顺利开展的影响。同样的道理，对于某一教学内容的教学，有些教学方法是合理且能够产生正效应的，而有些就会产生反作用。例如，谈话法是对新知识进行传授的主要方法，这一方法使用的前提与基础是教学对象已有知识与心理方面的准备，倘若没有做好准备，则不会有预期的效果。讲授法能够将大量的系统知识在短期内传授给学生，有利于体育教师主导性的发挥。然而，学生的主动性与创新性在这一方法的运用中是难以得到充分发挥的。所以，体育教师在对教学方法进行选择时，对于不同教学方法的功能、应用范围和条件等，一定要认真的考虑与分析。

2. 体育教学方法合理选择的注意事项

（1）加强师生之间的协调配合。在体育教学过程中，为了实现预期的教学目标，教师和学生必须进行默契的配合。体育教学活动中，没有"教"的"学"和没有"学"的"教"都是不存在的。因此，无论采用何种教学方法，都应考虑"如何教"和"如何学"。

在传统体育教学中，一味以教师为中心，选用教学方法也只对教师"如何教"的问题比较重视，而忽略了学生在教学过程中的作用。例如，教师在示范动作时，只对动作的优美和协调性比较重视，而没有对学生的感受进行考虑，从而使学生的学习效果不佳，影响教学质量。因此，体育教学方法的选择应注意考虑师生双方的默契配合，避免两者脱节。

（2）加强不同学习阶段的前后配合。学生在体育教学过程中，不同的学习阶段会有不同的学习特点产生。教师选择体育教学方法应对学生学习知识的不同阶段的前后配合予以考虑。例如，在学生的动作学习过程中，教师应注重指导学生从"模仿型"向"创造型"过渡，并实现二者的有机结合。

学生的学习过程也是对学习内容不断了解与掌握的过程。在初步学习阶段，往往以模仿（模仿教师或他人）学习为主，之后，学生就会形成动作定式而完全摆脱模仿，从"模仿型"过渡到了"创造型"。这两个阶段之间具有一定的联系，又相互区别。因此，在对教学方法进行选用时，应有意识地避免二者之间的互相代替、割裂。

（3）加强学生内部与外部活动的配合。学生的学习过程是内部活动和外部活动的统一。学生的心理活动以及相应的生理生化反应等属于内部活动；学生的动作质量、情绪、注意力等属于外部活动表现。

教师在选择相应的体育教学方法时，应注重学生内部活动与外部活动之间的配合。教师应善于分析学生的内外活动变化，有机结合指导学生外部活动的方法与激发学生内部活动的教学方法，以使学生能够自觉地进行体育学习。

在体育教学方法的选择过程中，教师还应对多种教学方法进行对比与分析，从而将最佳的教学方法确定下来。此外，对于不同的教学方法适用于哪些教学内容，可以解决什么教学问题，能够对什么教学对象起到积极作用等，都是体育教师需要考虑的问题。

（二）体育教学方法的科学运用

1.体育教学方法的优化组合运用

（1）优化组合运用的原则。

①启发性原则。不管是采用哪一种形式的教学方法，都应该考虑其是否有利于调动学生的学习积极性和主动性，是否可以促进学生进行积极的思考与自主的探索，是否可以促进学生各方面素质的全面提高。在体育教学活动中，对教学方法的优化组合还要注重对学生学习兴趣和动机的培养，从而使学生的自主思维得到充分的发挥。

②最优性原则。教学方法不同，自然就具有不同的特点、功能和应用范围，而且各自的优势与不足也有差异。因此在对教学方法进行组合运用时，不同体系的综合教学方法会因此而形成，每一套教学方法的特点也各不相同。对此，教师在进行体育教学方法的优化组合时，应以实际需要为依据，对最符合实际情况的一套教学方法进行选择。教师在教学方法的选择中，应从整体入手，将各种适应相关教学内容的教学方法进行有机的结合，从而将教学方法体系的整体功能充分发挥出来。

③统一性原则。统一性原则要求教师在对相应的教学方法进行选择时，应注重"教"与"学"双边活动的统一，并强调二者的密切结合与相互促进。如果只重视其中的一项活动，则使教学活动难以达到预期。另外，贯彻统一性原则还要求体育教师在教学过程中尽可能地将教学方法的多种功能充分发挥出来，从而全面促进学生各方面素质的提高。

（2）优化组合的程序。

①将体育教学的任务进一步明确。

②根据实际情况将总体设想提出来。

③对多种体育教学方法加以优化组合。

④对优化组合的教学方法加以实施与评价。

2.体育教学方法运用的注意事项

（1）全面考虑影响体育教学方法运用效果的因素。体育教师在对体育教学方法进行科学运用时，为了促进教学效果的加强，应全面分析对教学方法运用效果产生影响的各方面因素。具体涉及的因素有教师自身、学生以及教学条件与环境。在体育教学过程中，体育教师自身的知识储备、人格魅力以及教学技艺等会对教学方法的运用效果产生不同程度的影响。所以，全面提高教师的素养对于教学方法使用效果的提高非常有益。

体育教学是教师与学生共同参与的活动，学生因素对于教学方法运用的效果同样也会产生举足轻重的影响。因此，教师应注重鼓励学生主观能动性的发挥。

除教师和学生两方面的影响因素外，体育教学的物质条件和环境也会对体育教学方法的运用效果产生一定程度的影响。因此，体育教学中在强调教学主体因素的同时，要重视对良好教学条件地提供与教学环境的优化。

（2）注意体育教学方法有关理论的运用。体育教学的理论源于实践，但又高于实践。因此，在运用体育教学方法的过程中，教师不仅要注重实践方面的问题，还要重视在理论方面的积极探索。如果对相关理论的研究具片面性，那么体育教学的方法也会相应表现出片面的缺陷。因此，在体育教学实践中，对体育教学方法的相关理论基础进行探索，应综合考虑辩证唯物主义与唯物辩证法的基本观点，系统论原理，教育学、心理学有关学科理论知识、普通教学论和体育教学论等所有相关的内容。

总而言之，在体育教学过程中，教师应树立新的观念，运用新的理论对体育教学工作进行指导，不断促进体育教学方法的改革与发展，将各种教学方法的效用充分发挥出来。

第三节　现代体育教学方法体系的构建

一、新体育教学方法体系构建的理论依据

"目标统领教材"是体育课程改革的突出特点，即以不同的教学目标为依据对不同的体育教学内容进行选择。学校向学生传授的各种思想、知识、技巧、技能、言语、观点、信念、行为、习惯等的总和就是教学内容。从本质上说，学生的学习过程就是将这些丰富的教学内容内化为自我发展成果的过程。这一过程体现了由外到内的转变，这一转变不会自动完成，必须通过对教学方法的运用才能实现。

选择体育教学方法要因地、因时、因人而异，即以不同地区的实际情况、学生的身心发展特点等为依据对体育教学方法进行确定，这是体育新课程标准的基本要求。以往的体育教学大纲虽然对教学目标、各年级教学内容

比重及考核标准做出了明确的规定，但却忽视了地区间、城乡间、学校间的差异，而且也没有将学生的体育基础、兴趣、爱好等因素考虑在内，从而在具体的教学过程中只重视采用教师的讲解与示范等单一的教学方法，学生"看体育"的负面效果因此而形成。

体育课程标准对课程目标、领域目标、内容标准做出了相应的规定，但没有限制具体内容、比重、成绩评定等。新课标以学习内容性质的不同为依据对五个学习领域进行了划分，不同领域都有相应的教学任务和教学内容。虽然有些领域中的内容并不具体，但能够在其他领域中对相关内容进行渗透和贯穿，形成"目标—内容"，即目标指导内容选择，内容选择达成目标的关系。与此同时，新课标还对六级学习水平进行了划分，并对相应的水平目标进行了设置，而且主要是以学生的身心发展特征为依据划分的，从而将体育教学特殊的规律充分体现了出来。

此外，新课标不对具体的学习内容进行规定，而是将达到目标的内容或活动建议提了出来。这样，学校选择的余地也很大，可以本校实际为依据对教学内容进行合理选择，从而促进学习目标更好地实现。由此可见，新课程标准的五个领域，不仅是学校选择体育教学内容的主要依据，也是体育教学自身规律的体现，还可以有效地指导体育教学方法的选择，促进"目标—内容—方法"教学范畴体系的形成。这样，不同地区、学校就拥有了选择符合本地区特点或本校特点的教学内容与方法的广阔空间。

二、基于新课标的体育教学方法体系的构建

学生学习方式的转变是体育新课程改革的基本特色，具体就是改变学生单纯接受式的学习方式，对发挥学生主体的学习方式进行建立，并对研究性学习进行积极的提倡。这一转变对于教师来说，要对不同学生的情况进行了解，从而向学生提供不同的学习空间，同时要对不同年龄学生的教学方法进行考虑。新的课程标准必须要有新的方法体系与之相配套。体育教学需要以体育教学自身的规律为依据，并结合具体的教学内容去开展教学活动，以促进学习目标的顺利实现。因此，应以体育教学规律及为实现目标而选用的教学内容为依据，按课程标准划分的五个学习领域来对新的体育学习方法体系进行构建。

体育课程改革对五个学习领域目标做了重点强调，并在此基础上以学生不同的身心发展阶段为依据对六个不同的水平目标做了划分。在体育教学实

践中，每节课都要以不同的目标要求为依据对教学内容进行选择，而每节课教学内容都要能够使五个领域的不同目标顺利实现。所以，各个领域目标都有不同的水平目标与之相对应，教师应当以不同的水平目标为依据对所需要的教学方法进行合理选择与科学运用。

第四节　体育教学方法的发展

一、体育教学方法创新发展的原因

（一）科技进步促进了体育教学方法的创新

随着科学技术的迅速发展，人们的生活水平不断提高，生活质量得到了很大程度的优化。而且，科技的进步在体育教学领域也发挥了积极的影响，具体表现在对体育教学方法产生的深远影响上。随着计算机技术的快速发展，计算机在体育教学中的普及性也在逐步提高，这就促进了体育教学中动作示范标准程度与科学程度的提高。而且，科技的进步使资料的搜集、整合更加便捷，学生在学习空间和时间方面受到的限制逐渐降低，实时的信息沟通逐步实现。通过运用计算机进行动作示范，可以从不同的侧面，以不同的速度，对不同部位的动作进行细致的分析和研究，使传统的讲解示范等方法更好地发挥自身的作用。

（二）体育教学内容的变革促进了教学方法的变革

为了与时代的发展相适应，满足学生不断增长的体育需求，体育教学的内容也在不断改革与发展，这也直接促进了体育教学方法的变革。例如，随着定向运动和野外生存运动被引入体育教学之中，使体育教学活动的野外组织和教学方法得到了更加深入的开发。

（三）体育教学理论的发展促进了教学方法的改善

体育教学理论的发展对于体育教学方法的创新与进步具有积极的影响。

在新的体育教学理论的科学指导下，体育教学方法的发展和创新速度逐步提高。在传统体育教学过程中，对于体育运动技能的分析还不是很深入，针对同一运动项目的教学所采用的教学方法较为固定，甚至不同运动项目的教学都采用同样的教学方法。可以说，不管面对什么样的教学内容和教学目标，都是以"以不变应万变"的态度来选用教学方法。然而随着有关专家对体育运动项目研究的不断深入，适合不同运动项目的体育教学方法也创造性地应运而生。

二、几种新型体育教学方法的分析

（一）探究教学法

在体育教学过程中，引导学生发现问题、分析问题，最终解决问题，使学生在探索、研究的过程中对知识和技能进行掌握的教学方法就是所谓的探究教学法。[①]

探究教学法与现代教学教育理论对学生的要求更相符，也是新体育课程强调学生主体性理念的重要表现，因此在体育教学中日益受到教师与学生的高度重视。

运用探究教学法应注意以下几点。

（1）目的明确。教师在教学时应预先对研究计划进行确立，以便促进体育教学目标的顺利实现。目的不明确、与教学实际不符的探究活动不仅会造成时间的浪费，还会对课程目标的实现造成妨碍。

（2）与学生的知识水平相符。教师的教学必须以学生实际的知识能力水平为前提，教学内容太简单对于学生学习兴趣的激发是无益的；教学内容太难会使学生失去学习兴趣与信心。因此，体育教师在教学前很有必要对学生基础知识的掌握能力以及技能水平进行了解，引导学生进行力所能及的探究。

（3）在教学过程中，针对学生通过努力仍然有一定解决难度的探究性问题，教师应加强对学生的引导启发与鼓励，但不能代替学生进行探究活动。

---

① 李启迪，邵伟德.体育教学基本理论研究 [M].北京：北京师范大学出版社，2014.

（二）游戏教学法

教师以游戏的方式，组织学生进行体育学习的方法就是游戏教学法。游戏教学法要在规则允许的范围内实施，目的是将学生的主动性和创造性充分调动起来，达到体育教材内容所规定的目标。游戏教学法可以使个人的主动性和创造性得到充分发挥。这种方法实施起来也较为简单，且非常容易被学生接受，也是最受学生欢迎的教学方法之一。

教师可以在学生个体之间展开游戏教学，也可以在学生学习小组之间展开游戏教学，通过创建游戏情境，可以使学生感受紧张的气氛，并从中学会如何合理竞争，如何与同伴相互协作。游戏教学法有助于促进学生学习兴趣与身体活动能力的提高，有利于促进学生身体素质的全面发展，使学生在愉悦的运动体验中对相应技术的运用方法进行掌握。

以下几点是体育教学中采用游戏教学法时需要注意的。

（1）教师在明确体育教学目标后，要以此为依据来设置游戏的形式。对不同形式的游戏都应事先确定游戏的规则，从而使学生在参与游戏的过程中知道自己该做什么，不该做什么。

（2）教师应在要求全体学生遵守规则的同时，对学生个体主动性和创造性的发挥进行积极的鼓励。

（3）在体育教学中，教师运用游戏教学法时，学生个人的选择性与独立性较大。因此，教师在安排运动负荷与动作控制方面会受到很大的限制，对此教师应进行妥善的处理与解决，避免形成师生矛盾。

（三）竞赛教学法

在体育教学中，检验教学效果和促进学生技能运用能力不断提高的教学方法即竞赛教学法。竞赛教学法也是一种对教学效果进行检查的一种有效手段。这种教学方法不仅能促进学生将自身机体功能最大限度地发挥出来，还能促进学生的比赛应变能力和比赛中心理调控能力不断提高，更能有效培养学生、灵活、团结、谦虚等意志品质。学生在学习运动技术之初，教师不适宜采用竞赛的方法进行教学，只有经过一段时间的学习，学生能够将动作技术较为连贯且熟练地完成后，才能采用该方法。一般在竞赛活动后，教师要及时对学生的表现作出评价。

教师在运用竞赛教学法时，应着重注意以下几个方面。

（1）对竞赛教学法的目的加以明确。在运用竞赛教学法时，不论是对教学内容进行确定，对竞赛方式进行选择，还是对竞赛结果进行证实等，都要树立"服务于教学目标"的观念。

（2）竞赛教学法的运用要注意对学生进行合理地配对和分组。无论是个人与个人的比赛，还是小组与小组的比赛，都要注意双方实力的均衡，教师还应尽可能地对均衡的比赛条件进行创造。

（3）运用竞赛教学法时，教师一般在竞赛结束后需要对学生完成动作的质量予以客观评价，并向学生指出哪些地方应该改进，应如何改进。

（四）自主学习法

在体育教师的指导下，学生以自身的实际需要和现实条件为依据对目标进行制定、对内容进行选择，将学习目标完成的体育学习模式就是自主学习法。[①] 教师应多为学生提供自主学习的机会，这有利于使学生的学习热情得到无限的激发，使学生的学习主动性得到最大限度的发挥，并使学生产生满足感与成就感，增加其学习的自信心。

体育教学中要按照以下程序来采用自主学习法。

（1）学生先制定自己的学习目标，学习目标要明确，不能空而大，要在自己的能力范围内可以实现。

（2）学生根据目标来选择学习方法。需要注意的是，学生对学习方法的选择并不是盲目的，而是在对自己已有的经验和知识基础进行充分考虑的基础上进行选择的。

（3）学生完成一个阶段的学习之后，对照之前制定的目标，看自己是否完成了目标，完成质量如何，也就是自己对自己在这一阶段的学习状况做出评价。

（4）学生在进行自我评价后，清楚自己在学习中存在哪些不足，并为下一阶段的学习制定新的目标。

（五）合作学习法

体育教学中，学生在小组或者团队中，为促进共同学习目标的实现，有明确责任分工的互助性学习形式就是所谓的合作学习法。教师在指导学生进

① 李启迪，邵伟德.体育教学基本理论研究 [M].北京：北京师范大学出版社，2014.

行合作学习时，要使学生意识到自己在小组或团队中的重要性，要明确自己的角色定位，这样才能激发其责任感。

体育教学中一般按照如下程序来实施合作学习法。

（1）教师对学生进行合理的分组。

（2）小组成员集体讨论并确定本组所要达到的学习目标。

（3）确定学习目标后，小组内再进行具体的分工。这一步需要教师的指导与帮助。

（4）小组各个成员明确自己的职责与任务，由小组长领导，相互协同合作来完成任务。

（5）结束小组学习活动后，每个小组派代表发言，谈谈自己的感受与心得，各个小组之间展开交流，共同进步。

三、体育教学方法的创新发展趋势

现代体育教学方法经过多年的改革与发展，已经形成了具有自身特色的教法体系。随着经济社会的不断发展，体育教学方法仍处于不断地创新与发展中，并呈现出以下几方面的趋势。

（一）现代化趋势

在现代教学方法的现代化发展过程中，体育教学的现代化十分明显。体育教学现代化的重要表现之一是教学设备的现代化，通过对先进技术手段的运用，使体育教师能够更好地对教学活动进行开展。使学生可以更好地参与体育学习。而且，通过运用先进的现代化设备，教师可以对学生的身体素质有更加全面的了解，从而有针对性地对运动训练的负荷量进行安排。在教学管理方面，现代科技的运用可以为学生的学习和生活提供更加便捷的服务。随着现代社会的不断发展，体育教学的各项技术将得到一定程度的创新与发展，其教学方法也必然呈现出现代化的创新性发展趋势。

（二）心理学化趋势

在心理学中，学习是一个较为复杂的心理过程。在体育教学中，学生学习是一项既涉及知识记忆，同时涉及动作技术记忆的复杂形式。随着心理学研究的不断深入，学习过程的各个要素与阶段开始被人们逐步认识，并且在具体的教学实践过程中，心理学的相关理论得到了一定的运用，并发挥了积极的作用。在体育教学方法的发展过程中，很多心理学的研究成果得到了不同程度的应用，这对于促进体育教学质量的提高具有积极的作用。另外，体育教学方法的运用还肩负着提高学生的意志品质，发展学生的健康心理等培养目标，通过采用相应的心理学知识，能够使体育教学方法在这些方面的目标得到顺利实现。

（三）个性化与民主化趋势

现代体育教学方法正在逐渐向个性化、民主化的趋势发展。在传统体育教学过程中，强调教师的主体地位，在教学过程中只重视教师的教，教师组织教学活动也没有对学生个体之间的差异性进行充分考虑。随着体育教学的深入改革与发展，社会越来越重视学生个性的发展，因此体育教学方法的发展也必然呈现个性化的创新趋势。个性化的教学方法改革和创新不仅有利于学生的全面发展，而且有利于社会的进步。

体育教学方法的民主化发展也是大势所趋。随着体育教学过程中民主意识的崛起，民主化体育教学方法将得到进一步的重视与更加广泛的运用。

第六章　当代高校体育教学模式的建设与发展

随着我国体育事业的发展，体育教学各环节的研究显得越来越重要。作为高校体育教学的重要组成部分，体育教学模式对于高校体育教学的开展及深化研究有着非常重要的意义。对体育教学模式的研究与创新，能够更好地促进高校体育教学的发展。本章主要对体育教学模式的基本理论、现代创新体育教学模式的构建与应用以及高校体育教学模式的发展与改革进行研究。

第一节　体育教学模式的基本理论

一、体育教学模式的概念

20 世纪 80 年代，我国就开始对如何界定体育教学模式展开专门性讨论。但至今，体育教学模式的概念尚未达成统一，其规范化程度也有待进一步提高。在对体育教学模式进行的相关研究中，很多学者对于体育教学模式的概念给出了自己的看法和见解，其中比较有代表性的主要有以下几种。

（1）李杰凯认为，体育教学模式"是蕴含特定的教学思想，针对特定的教学目标，在特定教学环境下实现其特定功能的有效教学活动与框架，是以简洁形式表达的体育教学思想理论和教学组织策略，是联系体育理论与体育教学实践的纽带"[①]。

（2）杨楠认为，体育教学模式是"体现某种教学思想或规律的体育活动

[①]　龚坚. 现代体育教学论 [M]. 重庆：西南师范大学出版社，2009.

的策略和方式，它包括相对稳定的教学群体和教材、相对独特的教学过程和相应的教学方法体系"。

（3）毛振明认为，体育教学模式是"按照一定的体育教学理论或教学思想设计，具有相应结构和功能的体育教学理论或教学活动模型"。

（4）樊临虎认为，"体育教学模式是指在一定的教学思想或理论指导下，设计和组织体育教学而在实践中建立起来的各种类型体育教学活动的范型，它以简化的形式稳定地表现出来"。

综上所述，我们可以将体育教学模式定义为：在特定的体育教学思想指导下，实施的以完成体育教学单元目标的稳定性较好的教学程序。

二、体育教学模式的特点

（一）可操作性

体育教学模式的可操作性主要包括两个方面的内容。

一方面，体育教学模式易被教师模仿。究其原因，主要是由于教学模式不仅是教学理论的操作化，还是教学实践的概括化。体育教学活动在时间上的开展以及每一教学步骤的具体做法都需要教学模式提供相应的逻辑结构与思维，也就是所说的操作程序。这样，教师在教学中应该先做什么，再做什么，最后做什么，就非常条理，可操作性较强。

另一方面，体育教学模式的操作程序是处于基本稳定状态的。究其原因，主要是因为体育教学活动的特殊性、复杂性以及影响体育教学的主要因素不能受到精确控制。关于此，比较具有代表性的是魏书生同志创立的"六阶段教学论"。从总体上看，教学是按照提出教学要求→组织学生自学→师生讨论启发→开展实践运用→及时做出评价→系统总结这样的程序进行的。运动技能类教学模式是按照教师的示范讲解→动作分解教学→学生初步练习→纠正错误动作→再次练习→动作部分的结合练习→纠正错误动作→完整动作练习→强化练习、过渡练习→掌握动作这样的程序进行的。而且需要强调的是，教学程序是不可逆转的，但是其中某些步骤可以以教学实际情况为主要依据进行压缩、省略和重叠。这就充分体现了体育教学模式的可操作性特征。虽然体育教学模式具有较强的针对性，但在不同条件与环境下开展体育教学，其产生的体育教学模式也表现出一定的差异性，也会因不同的教学指导思想和理论而表现出一定的差异性。但是一旦确立了体育教学模式，就代表了一定的教学思想和理念，也表示了某一特定的条件下的具体操作的稳定性和可模仿性，具体相同的理念和外在条件，便可以容易地被体育教师所模仿，这种特性就是体育教学模式的稳定性。需要注意的是，随着时代的变迁，指导思想与外在条件等发生质的变化，这就要求适当调整和变更体育教学模式。由此可以看出，体育教学模式的稳定性并不是绝对的，而是相对的。

（二）简洁概括性

体育教学模式并非"复写"体育教学活动，而是在能将自己个性充分显示出来的基础上，将教学目标、教学方法、组织形式等开展某一教学活动的不重要因素省去，从理论高度简明系统地将模式自身反映出来。由此可以看出，它是对某一理论的浓缩，对实践的精简，表现出一定的简洁性与概括性。一定的体育教学模式能够将特定的体育教学思想充分反映出来，而且也在一定程度上简化教学模式的各环节，通过教学程序的方式将其展现出来，因此充分体现出了体育教学模式显著的简洁概括性特征。教学模式的概括性主要在教学模式的表现形式、表现内容和表现种类等方面得到体现。具体来说，每一个方面的概括性都有着不同的特点，具体如下。

（1）表现形式的概括性，就是用较少的笔墨，少许的线条、符号或图表就能够将整个教学模式大致反映出来。

（2）表现内容的概括性，就是浓缩、提炼单元体育教学活动的理论或实践。

（3）表现种类的概括性，就是把具有共同特征的模式归结为一类，从而达到将某一体育教学模式的教学目标更明确地表达出来的目的，也可以在体育教学实践中使体育教师对体育教学模式有更加明了的理解与选择，从而使对多种体育教学模式产生相互混淆的现象得到有效避免。

（三）针对性

无论何种体育教学模式，其建立都是针对体育教学实践过程中的某个具体问题或问题的某一方面而进行的，是与针对体育教学内容、体育教学对象、体育教学环境等不同要素所形成的体育教学模式是有很大区别的。从这一点来看，体育教学模式有其特定的教学目标和使用范围，是不能包罗万象的，普遍有效的可能模式或者最优的模式是不存在的。然而，教学模式与目标往往是一对多或多对一的关系，而绝非一对一的关系。

通常来说，一种模式的目标是多种多样的，而多样化目标又可以进行主、次的划分，其中主要的目标不仅是此模式与彼模式相区别的主要特征之一，也是人们有针对性地选用模式的一个重要依据。比如，启发式教学模式与快乐体育教学模式中都有发展学生技能、运动参与、情感方面等目标，但是这些方面的主要目标并不是一样的，而是有一定差异性的。具体来说，开启学生的学习智力，使学生的运动思维得到有效的发展，从而对运动技能的学习与掌握产生积极有利的影响，是启发式教学模式的主要目标；而使学生在学练一些较为简单的体育活动动作中体验运动的乐趣，并创造性地组合一些简单的动作，体验运动成功的感觉，使其自信心有所增加，则是快乐体育教学模式的主要教学目标。

（四）优效性

体育教学模式的建立是需要有一定的理论作为基础条件的。但同时，体育教学模式的构建与完善离不开体育教学实践的不断修正与补充。因此，促进体育教学质量的提高，逐步改进体育教学过程，不断更新与完善体育教学的各个环节，避免教学资源的浪费与缺失，是完善体育教学模式的主要着眼点。从这一角度来说，体育教学模式充分体现了其显著的优效性特点。

（五）整体性

体育教学模式对体育教学的处理是从整体上进行的。具体来说，它不仅要明确规定教学活动中的教学主体（体育教师与学生）、教学客体（教学目标、教学内容等）等主要因素的地位与作用，而且还要对教学物质条件、组织形式、时空条件、师生互动关系或生生合作关系等影响体育教学活动并在教学活动中起重要作用的其他因素进行相应的说明。由此可以看出，这几乎涵盖了体育教学论体系中的基本内容，因此人们也将体育教学模式称为"体育微型教学论"。体育教学模式的整体性特征要求人们在对体育教学模式做出正确的认识及运用时，一定要将体育教师的教学风格、学生的年龄特点、体育基础特点、课程内容特点等体育教学模式的主要要素整体全面地确定下来并熟练把握。除此之外，教学场地条件、环境条件、教学班级人数、气候特点等一些次要要素也要列入考虑的范围，同时要清楚地认识到它们之间的相互关系，对各环节的相互配合、相互衔接也要引起足够的重视，从而使教学模式成为系统的教学程序。这种大部分、多要素、多环节的有机组合将体育教学整体性充分体现了出来，也对体育教学模式并非多环节、多要素的简单堆积进行了说明。因此，可以说，体育教学模式是具有一定科学性的。

三、体育教学模式的功能

（一）简化功能

体育教学活动有着较为显著的特殊性和复杂性的特征。因此，要想取得较为理想地处理这种特殊性和复杂性的效果，除了需要人们的思辨和文字的处理方式外，还需要其他一些简单明了的方式。例如，图示方式往往就能够使人们对事物有一个整体的印象。体育教学结构能够反映各环节、各要素的关系，除此之外，也能够将其组织结构和流程框架反映出来。这种结构的主要特点在于注重原则、原理，而且也较为重视行为技能的学习。因此，从客观的角度上来说，体育教学模式有着非常重要的作用和意义，与现代体育教学任务是相符的。具体来说，主要表现在三个方面。第一，对体育知识的学习和体育技术、体育技能的学习与掌握非常重视；第二，对学生的学习目标和教师的设计方案非常重视；第三，在充分反映教学理念的同时，对具体的操作策略也非常重视。由此可以看出，体育教学模式具有较强的可操作性，其结构和机制也较为完整。另外，体育教学模式比抽象的理论更具体、简化，不仅与教学实际更为接近，而且它能够为体育教师提供基本操作框架，使教师明确具体的教学程序，因此较容易被教师理解、选用、操作与认可，受到教师的欢迎。

（二）预测功能

体育教学模式是以体育教学活动中的内在规律与逻辑关系为基础的，因此它有利于准确地对体育教学进程和结果作出判断。即使不能准确判断，也能对体育教学进程和结果进行合理估计，甚至可以对教学结果假说进行建立。通常以某种教学模式内在与本质的规律及其现象为主要依据，来对该模式进行预测。例如，快乐体育教学模式。这种教学模式既要注重学生在学习过程中的学习体验，也要使学生对运动技能加以掌握，从而为学生的终身体育打下良好基础。这种模式的预测功能主要体现在两个方面：一方面，如果在教学过程中没有达到预期的教学目标，说明实际与预测存在一定的差距，需要进行合理、正确的调整；另一方面，如果在教学过程中达到了预期的教学目标，说明与事先的预测是相吻合的，证明理论与实践是相统一的。

（三）解释与启发功能

体育教学模式的功能和作用主要表现在通过简洁明了的方法来解释相当复杂的现象。比较常见的一种体育教学模式是发展体能教学模式。这一教学模式的建立给人以整体的框架，其中文字的解释让我们能够更加深入理解教学模式。具体来说，发展体能教学模式中所蕴含的理论知识主要在三个方面得到体现。首先，阶段性的体能目标实施与反馈控制理论。其次，体育教学系统地、长期地发展体能的指导思想。最后，非智力、非体力因素参与体育活动并促进技能教学的发展理论。具体来说，体能的发展是比较枯燥的，因此如何激发发展体能的兴趣就成为一项关键性因素。需要注意的是，这一关键因素是非智力、非体力的。

除此之外，对于整个教学活动来说，体育的某种教学模式的核心环节具有非常重要的作用和意义，其主要在教学目标的制定与教学过程实施的形成性评价中得到一定的体现。具体来说，主要包括以下几个方面。

第一，预先进行体能测验，实施诊断性评价。

第二，以学生的身体条件与身体素质的侧重点为主要依据来对教学单元进行合理的安排。

第三，有针对性地对单元中诸体能目标进行练习，并力争达成目标。

第四，对学习效果进行总结，实施总结性评价。

第五，以评价的结果为主要依据来使矫正措施得以实施。

（四）调节与反馈功能

马克思主义唯物观认为实践是检验真理的唯一标准，因而体育教学模式是否科学也要通过实践的体育教学活动对其进行检验才能得知。体育教学模式是依据具体的教学指导思想、教学条件和教学环境来进行安排的。例如，在实际的运用过程中，如果某一种体育教学模式没有达到预先制定的教学目标，就需要具体分析教学模式操作过程中的各个环节与因素，并找出其中的利弊关系，深入地分析其原因并提出相关对策，以使体育教学活动更加科学、合理。

四、体育教学模式的结构

体育教学模式的结构主要包括教学思想、教学目标、操作程序、实现条件以及评价方式等。具体内容如下。

（一）教学思想

作为体育教学模式的灵魂，教学思想是建立体育教学模式所应具备的基本理论与思想基础。也就是说，要想建立体育教学模式，就需要有一定的理论知识对其进行指导，在不同理论指导下所建立起来的体育教学模式是有所差异的。例如，我国在 20 世纪 80 年代所建立起来的愉快教育的教学模式是根据当时学生学习的具体需求产生的，有利于学生参与学习活动的积极性和主动性的充分调动，并能够通过体育教育养成终身体育的习惯。

（二）教学目标

在体育教学过程中，建立体育教学模式的目的就是更好地实现体育教学目标。如果没有体育教学目标，也就没有体育教学模式存在的必要和价值了。"体育教学模式所能够达到的教学效果是体育教师对某项教学活动在学生身上将产生的效果所作出的预先估计。"[1] 体育教学目标是具体化了的体育教学主题的表现，体育教学模式要以教学目标为核心，教学目标能够制约体育教学模式的其他结构要素。

（三）操作程序

教学活动中的教学环节或步骤就是所谓的操作程序。在体育教学活动中，操作程序主要指的是在时间上展开的逻辑步骤以及各逻辑步骤的具体做法等。无论哪种体育教学模式，其操作程序都是独特的，与其他教学模式不同。操作程序并不是一成不变的，但它一定是基本的和相对稳定的。

---

[1]　龚坚.现代体育教学论[M].重庆：西南师范大学出版社，2009.

（四）实现条件

所谓实现条件，是指体育教学模式中所采用的策略和手段，它是对操作程序的补充说明，并能够使体育教师选择合理的、正确的教学方法和策略。人力条件、物力条件和动力条件三个方面是体育教学模式中实现条件的主要内容。具体就是体育教师与学生、体育教学内容与时空，以及学校的基础设施等。

（五）评价方式

不同的体育教学模式，所要完成的体育教学目标不相同，而且所采用的教学程序和条件也存在差异。因此，不同的体育教学模式也具有不同的评价标准和评价方式。每一种教学模式的评价标准和评价方法都是特定的，如果使用统一的标准进行评价，就会使评价不具备科学性，评价结果失去说服力。例如，与标准化评价相比，群体合作教学模式的评价标准是采用计算个人和小组合计总分的评价方式。

第二节　现代创新体育教学模式的构建与应用

一、现代体育教学模式的新形式

随着现代体育教学的发展，过去传统的体育教学模式已经无法满足现代体育教学的各种需求。在对体育教学进行深入改革的同时，体育教学模式也得到了相应的创新发展，产生了一些适合现代体育教学的新的体育教学模式。由于体育教师的个人特点以及学生实际情况的不同，在体育教学过程中，应根据具体实际来选择适合的体育教学模式。下面主要对现代体育教学中比较常见的体育教学模式新形式展开介绍。

（一）小群体体育教学模式

1. 建立背景

小群体的学习形式来源于日本的"小集团学习"理论。小群体体育教学模式是指在体育教学中，教师通过对小组教学形式的运用，将学生分为几个不同的学习小组，教师指导学习小组进行学习，各小组之间与同组的学生之间通过互动、互助、互争来促进学生学习的主动性不断提高，从而促进教学效率提高的一种教学模式。小集团学习法起初是在其他学科中产生的，到了20世纪50年代开始应用于体育教学中。这种模式在高校体育教学中的运用，除了取得较为理想的效果外，还进一步促进了高校体育教学的发展和完善。

2. 指导思想

小群体体育教学模式的主要指导思想是在遵循体育学习机体发展和发挥教育作用规律的基础上，通过高校体育教学中的集体因素和学生间交流的社会性作用，促进学生交往，提高学生的社会性。此外，在运用这种模式的过程中，还要注意培养学生自主学习能力，并要适应学生的个体差异表现。因此，小群体教学模式的指导思想具体体现在以下几个方面。

（1）有针对性地培养学生的良好品质。

（2）强调集中注意力，并要求学生相互帮助、团结，以有效地提高组内的竞争力。

（3）通过教导学生相互帮助、合理竞争，从而提高学生的身心健康和社会适应能力。

（4）要在条件基本均等的情况下，使组与组之间的学生合理竞技，从而激发学生学习的兴趣，提高学习效果。

3. 操作程序

小群体体育教学模式的操作程序如图6-1所示。

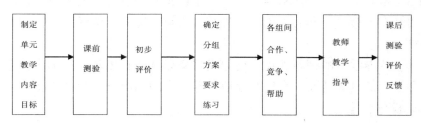

图6-1　小群体体育教学模式的操作程序

4. 主要优缺点

（1）优点。

①小群体教学侧重于培养学生的团结性，有利于充分调动学生学习的积

极性和竞争性，也有利于培养和提高学生的社会适应能力。

②通过小群体教学，既可以提高组内队员间的合作能力，又可以提高团队与其他团队之间的竞争能力，增强学生的竞争意识。

（2）缺点。由于这种教学模式更注重培养学生的社会适应能力，就可能会导致在教学中将大量的时间消耗在这一方面，从而使学生对教学内容的学习时间相对减少。

（二）主动性体育教学模式

1. 建立背景

在现代教育中，学生是整个教学活动的主体，所以主动性体育教学模式能更好地引导学生通过思考体验来进行交流和合作，从而进一步发展自身的社会技能、社会情感以及创造能力。在高校体育教学中，要想取得较为理想的教学效果，必须有良好的课堂环境和氛围作为保证。因此，主动性体育教学模式在这样的环境和需求下应运而生。

2. 指导思想

主动性体育教学模式的指导思想主要包括以下几个方面。

（1）培养学生的参与能力。只有使学生参与到教学活动中来，才能有机会使学生的主动性得到进一步发展。

（2）培养学生的教学能力。引导学生站在教师的角度去思考问题，有利于提高学生的教学能力和主动性。

（3）培养学生的合作精神。要使学生认识到团队合作的重要性，培养学生的团结合作精神，同时可创造出理解、尊重、宽容、信任、合作、民主的课堂氛围。

（4）培养学生的创新意识。要想发展就必须进行创新，教师应根据教学实际和学生的具体情况，有针对性地培养学生的创新意识和创造能力。

3. 操作程序

主动性体育教学模式的操作程序如图 6-2 所示。

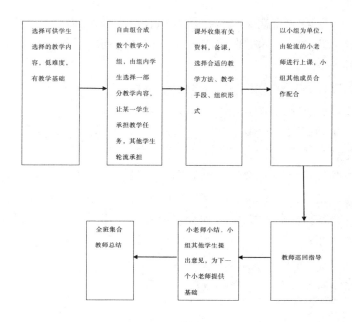

图 6-2　主动性体育教学模式的操作程序

4．主要优缺点

（1）优点。

①体育教学中运用主题性体育教学模式能够实事求是、有针对性地发展学生的主体意识。

②有利于提高和发展学生的学习主动性和自我学习能力。

（2）缺点。主动性体育教学模式要求学生有一定的自觉性基础，并且要求学生具有自我设计教学计划、教学方法、教学手段、组织措施的能力，更要求学生的自学能力要强，否则，运用主动性体育教学模式就不会取得理想的效果。

（三）领会式体育教学模式

1．建立背景

领会式体育教学模式是在 20 世纪 80 年代由英国学者提出的。在当时，这种教学模式的运用主要是为了对球类教学的教学过程结构进行合理的改造，对新教程进行领会，试图通过这一教学模式对以往教学中存在的缺陷进行改正（这个缺陷主要就是只对技能教学表示重视，而将学生对整个运动项目的认知和对运动特点的把握忽略了）以达到提高球类教学质量的目的。

2. 指导思想

领会式体育教学模式的指导思想主要包括以下几个方面。

（1）这种教学模式强调先尝试，后学习。

（2）要在尝试的过程中了解学习运动技术的重要性，进而促进学生学习主动性的提高。

（3）强调先进行完整教学，然后再分解教学，在对分解后的各部分知识有所掌握后再进行完整的尝试，从而对学习前后的效果进行对比。

（4）竞赛是开展体育教学活动最主要的组织形式，有利于提高学生学习的积极性和实用性。

3. 操作程序

领会式体育教学模式的操作程序如图 6-3 所示。

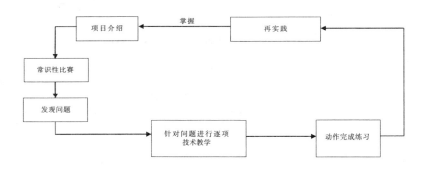

图 6-3　领会式体育教学模式的操作程序

4. 主要优缺点

（1）优点。领会式体育教学模式通过先让学生初步进行体验，体会出学习正确动作的必要性，然后根据学生的实际情况，教师选择合理的教学方法，来促使学生产生强烈的学习动机和需要，进而将学生学习的积极性调动起来，提高学习效率。

（2）缺点。在尝试性比赛中，学生因对这项运动缺乏深刻的了解，很可能会使比赛无法顺利进行。在一些尝试性的比赛中，要想避免这种情况的发生，可以通过降低难度和要求，使学生慢慢进入活动的角色，从而使比赛更为有序，以此来保证常识性比赛的顺利进行。

（四）发现式体育教学模式

1.建立背景

发现式体育教学模式是指通过体育教师的指导，学生能够独立地研究和发现事实和问题，从而更加深刻地掌握相关原理和知识的一种教学模式。这种教学模式主要强调学生的直觉思维、内在的学习动机以及教学过程三个方面。

2.指导思想

发现式体育教学模式是教师通过对学生适当地进行引导，让他们运用主观思维进行积极的思考，独立地发现问题、解决问题的普通高校体育教学发展与改革探究的教学方式。因此，这种体育教学模式的指导思想就是在体育教学中通过遵循学生的认知规律来考虑教学过程，体现以学生为主体，以学生为中心的思想。具体来说，其指导思想具体包括以下几个方面。

（1）着重增强学生学习的积极性和趣味性。

（2）调动学生思维的主动性，开发学生的智力。

（3）在以学生为主体的前提下，对学生进行指导。

（4）在将答案揭晓之前，要让学生自己去探索问题的答案。

（5）对问题情境进行设置，并使学生投入到教学情境中的过程更为自然，对学生的学习热情与积极性进行激发与鼓励。

（6）可以提高学生学习运动技能的效率，使学生更加深刻地领悟技能和知识，记忆更加牢靠。

3.操作程序

发现式体育教学模式的操作程序如图6-4所示。

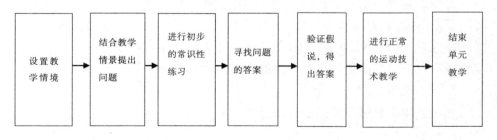

图6-4　发现式体育教学模式的操作程序

4.主要优缺点

（1）优点。

①发现式体育教学模式能调动学生学习的热情和积极性，提高学生的学习效率。

②发现式体育教学模式有利于开发学生智力，提高学生智力水平。发现式体育教学模式非常重视学生的智力发展，通过在学习过程中设置问题情境，激发学生学习的好奇心，进而提高其智力水平。

（2）缺点。

①发现式体育教学模式会在问题的提出、讨论、解决等环节占用大部分的教学时间，从而使运动技能练习与巩固的时间相对减少，因此会对学生学习和掌握运动技能的效果产生影响。

②发现式体育教学模式还会受到不稳定因素的影响，所以从教学模式的评价来看，无法在短时间内与其他教学模式进行比较。

（五）选择式体育教学模式

1.建立背景

在"健康第一"思想和新课程标准的影响下，为了更好地体现以学生为主体的教学观念，现代高校体育教学中出现了选项课。选项课的出现可以使学生在体育学习过程中依据自己的喜好和需要选择适当的项目学习。由于选择式教学模式具有较高的可行性和良好的教学效果，近年来在多所学校中已普遍使用，并受到体育教育工作者的高度重视。

2.指导思想

选择式体育教学模式可以使学生自主选择的优势得到充分体现，自主选择所要学习的内容、学习进度、学习参考资料、学习伙伴、学习难度等，这样才能提高一个学生的学习积极性，同时能够将学生学习的积极性和主动性充分调动起来，从而更好地对学生的学习能力进行有效的培养。

3.操作程序

选择式体育教学模式的操作程序如图6-5所示。

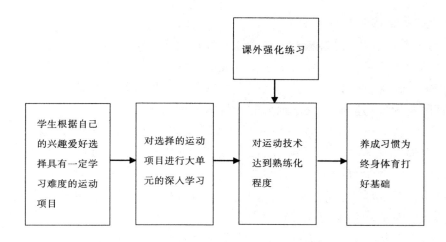

图6-5 选择式体育教学模式的操作程序

4.主要优缺点

（1）优点。

①学生自主选择学习内容，这不仅是学生主体地位的充分体现，而且也有利于提高学生的学习兴趣。

②通过学生根据自身的兴趣和需求来选择学习内容，能够更好地培养学生的自觉性、学习热情、学习态度、情感体验、克服困难的意志力等，也能提高学生的责任感。

（2）缺点。

①根据目前相关教学实践来看，选择式体育教学模式虽然对有运动兴趣的学生有积极作用，但对于那些暂时还没有特别兴趣的学生在选择上会出现盲目性。也就是说，这种教学模式在目前还不适用全体学生。

②由于受到技术难度、趣味性、运动量以及考核评价等方面的影响，学习内容可能会导致学生功利性地选择运动项目，从而使选择内容不均等，不利于教学活动的顺利进行。

二、新型体育教学模式的构建与应用

（一）新型体育教学模式构建的参考依据

新型体育教学模式的构建主要把握以下几个参考依据。

1.参考体育教材性质

体育教学以教材为基本工具，体育教师教学、学生学习都要借助教材这一基本教学工具。体育教材也是体育教师与学生共同完成体育教学目标的内容载体。通常把体育教材分为概括性教材与分析性教材两大类，这主要是以体育教材内容的性质为依据划分的，具体分析如下。

（1）概括性教材。这一类教材中没有较难学习的运动技术需要学生掌握，对概括性教材进行讲解的主要目的是使学生对体育项目有简单的了解、培养学生体育学习的兴趣，促进学生的身心健康。学生在学习该类教材时主要注重体验乐趣，获取快乐，所以要构建并选用快乐式教学模式、情景式教学模式以及成功教学模式进行教学。

（2）分析性教材。这一类教材中的运动技术具有一定的难度，对这类教材进行讲解的主要目的是提高学生的自主学习能力与创新能力，促进学生体育知识与技能的增长。学生在学习该类教材时注重培养学习与创造力，所以要选择构建主动性体育教学模式、发现式教学模式以及领会式体育教学模式等进行教学。

2.参考体育教学目标

体育教学模式构建与运用的关键是教学目标，体育教学模式需要体育教学思想与目标为其提供活力、指明方向。体育教学思想与目标也是区分教学模式的一个标准。体育教学目标在新课程改革之后有所变化，主要涵盖了以下四个方面。

（1）提高学生运动参与能力与积极性的目标。

（2）促进学生身心健康的目标。

（3）促进学生正确掌握运动技能的目标。

（4）提高学生社会适应能力的目标。

上述体育教学目标要求在体育教学中要构建与选用情景体育教学模式、探究体育教学模式以及成功式教学模式等进行教学。

3.参考体育教学对象

体育教学活动离不开学生这一教学主体。体育教学活动中，学生也是其中非常重要的一个组成部分，所以要针对不同学生的具体情况与特点对教学模式进行构建。学生的学习阶段按年龄大致可以分为小学、中学、大学三个时期。不同学习时期，学生的身体与心理情况是有明显不同的，所以体育教学模式的构建要考虑到不同学习阶段的学生的具体情况。

学生在大学时期，主要是接受专项体育运动教学训练，因此适合这一时期的体育教学模式有技能性体育教学模式，同时要发挥体能性体育教学模式的辅助作用，所以对这两种教学模式的构建极其重要。

4.参考体育教学条件

体育教学模式不同，其相应的教学条件也会有差异。不同地区或学校的体育教学条件具有明显的复杂性与差异性。以城市和农村地区为例，两个地区的经济水平差距很大，因此体育教学场所、设施与器材也有差距。针对这一情况，体育教师要实事求是，从实际出发，构建恰当的体育教学模式来完成教学目标与任务。农村学校的教学水平与条件有限，因此不适合构建且选用要求外部教学条件良好的小群体教学模式。

（二）新型体育教学模式的构建原则

1.坚持教学目标、内容、形式、结构与功能的统一原则

从本质上讲，新型体育教学模式的建构是处理好高校体育教学活动中形式与内容、结构与功能的关键问题。所以，体育教师应该对各类体育教学课堂结构和形式的功能与作用进行全面分析，并以教学目标和条件为根据对教学模式做出比较合理的选择。

2.坚持统一性与多样性的统一原则

（1）体育教学模式构建的统一性是指在构建和创造体育教学模式时，要继承中华人民共和国成立以来我国体育教学思想和成功经验。

（2）新型体育教学模式构建的多样性是指在开发和构建体育教学模式时应尽量实现多样化，避免单一化与程式化。

3.坚持借鉴与创新的统一原则

体育教学模式要坚持创新与借鉴的统一性。这里所说的借鉴具体是指借鉴两方面的内容：一方面要借鉴国外的先进教学模式理论；另一方面要借鉴国内的先进教学模式理论与成功教学经验。

有机结合创新与借鉴，才能运用成功的经验，吸取失败的教训，不走或少走弯路。具体来说，统一借鉴与创新，就是要以正确的体育教学思想为指导，革新原有的落后的体育教学模式，借鉴前人和他人的成功经验和理论，结合教学中的客观实际，提高体育教学的效率。

（三）新型体育教学模式的构建步骤

概括地讲，新型体育教学模式构建的主要步骤如下。

1.明确指导思想

选择用什么教学思想作为构建模式的依据，使教学模式更突出主题思想，并具有理论基础。

2.确定构建模式的目的

在明确指导思想的基础上，确立建构体育教学模式所达到的目的。

3.寻找典型经验

在完成第一步的基础上，通过调查研究，寻找恰当的典型经验或原型作为教学案例。案例要符合模式构建的思想与目的。

4.抓住基本特征

运用模式方法分析教学案例，概括教学案例的基本特征与教学的基本过程。

5.确定关键词语

确定表述这一体育教学模式的关键词。

6.简要定性表述

对这一体育教学模式进行简要的定性表述。

7.对照模式实施

对照这一体育教学模式具体实践教学，进行实践检验。

8.总结评价反馈

通过体育教学实践验证，对实践检验的结果进行归纳总结。通过初步实践调整修正模式，并反复实践不断完善。

（四）两种新型体育教学模式的构建与运用

1.合作式体育教学模式的构建与运用

在体育教学活动中，合作教学模式的运用有利于学生合作意识与能力的提高，有利于学生交往、实践及协调能力的增强，也有利于学生个性发展和终身体育意识的形成。

（1）合作体育教学模式的构建。

①构建程序。首先，要以体育教学大纲规定的教学时间与教学内容为主

要依据，对上课时间进行合理的分配与安排。通常，在体育教学活动中，体育理论知识教学占总教学时间的 25％；学生体育能力培养占总教学时间的 30％；体育技战术教学占总教学时间的 45％。其次，体育课堂教学之前，教师要做好课堂教学计划，即教案。制订教学计划时，教师要加强与学生的合作，与学生一起探讨教学方法的选用。

②具体实施。

a. 明确教学目标。体育教学过程的第一环节就是要明确呈现教学目标。这一环节中，体育教师的口头讲解与动作示范要有机结合学生的观察体验与思考，加强师生之间的沟通与交流。

b. 对学生进行集体讲授。对学生进行集体授课时，体育教师要适当缩短授课时间，提高教学效率，从而留出更多的时间为下一环节（小组合作）做准备。教师要注意提高学生的学习积极性，善于运用一些新颖的问题使学生的注意力集中到课堂上。

c. 加强小组合作学习。学生的学习主体性以及学生之间的沟通与交流是小组合作环节的重点。学生要在小组合作学习中积极发表自己的意见，提高自己的主动性、积极性以及创新性。

d. 实施阶段测验。体育教师在学生学习一个阶段后，对各个学习小组进行阶段测验，从而对学生在这一阶段的学习情况与效果有一个初步了解。

e. 积极反馈。在反馈阶段，体育教师要综合评价学生在这一学习阶段的具体表现。学生在小组合作学习中获取的知识比较零散，系统性很差，所以教师要正确引导学生归纳所学知识，使之成为一个系统的知识体系，便于学生掌握与记忆。小组测试也是反馈的一个重要手段，通过测试反映出学生学习的不足，从而有针对性地对其进行纠正与完善。

（2）合作教学模式在体育教学中运用的注意事项。

①更新教学观念。合作教学模式在体育教学活动中的运用要求及时更新传统的体育教学观念，重新认识学生的重要性，重视学生的主体地位，引导学生充分发挥主观能动性，尊重学生的人格，教师在教学中加强与学生的合作交流，以学生的具体情况为依据进行教学。

②注重学生主体意识的培养。首先，体育教师在体育教学活动中要想方设法激发学生的思维与学习热情，然后引导学生积极发现与探索新问题、新情况；在引导过程中，注重培养学生自主意识和独立能力。其次，教师要注重自身的引导作用，通过提问、质疑等手段，引导学生把注意力集中到课堂

教学中。最后，教师主导性的发挥要以实现体育教学目标为出发点，倘若没有从教学目标出发，就谈不上学生主体性培养了。

2.启发式体育教学模式的构建与运用

"启发式体育教学模式指的是在体育教学活动中，教师以体育教学目标、教学规律以及学生的认知水平和年龄特点为主要依据，通过采取各种教学手段引导学生独立思考、积极主动地获取知识、解决学习问题的过程。"[①] 解决教学中出现的问题、提高体育教学的质量以及促进学生体育学习积极性的发展是体育教学模式的实质。

（1）启发式体育教学模式的构建。

①对问题情境进行创设。体育教师在对问题情境进行创设时，要具体以体育教材的重点和学生的客观实际为依据。在创设问题情境的过程中，体育教师不仅仅要解决学生在学习中出现的问题，更要采取一定的方法与措施来引起学生的好奇心，使其主动提出疑问，并积极思考解决问题，这样有利于充分调动学生问题学习热情，有利于提高学生逻辑思考与客观分析及解决问题的能力。

②采用直观教学手段。体育教师在对学生进行启发的过程中，要尽量采用直观的教学方法和手段，减少使用抽象概念。直观手段具体是指多媒体、录像、图片等直观教具的使用。直观教学方法有利于学生学习兴趣的激发与提高，有利于学生以最为简单的方式清晰地掌握学习内容。

③采用多样化的练习手段。体育教师在引导学生进行练习的过程中，要以体育教学任务、目的和要求为主要依据，并要善于采取一些有助于启发教学的练习方式作为辅助学习的手段。除此之外，体育教师还可以以教材内容为依据，运用多样化的练习手段，以此来促进学生学习兴趣的提高，同时能够提高学生的学习效果。

（2）启发式教学模式在体育教学中运用的注意事项。

①对教材重点与难点有所明确。体育教材的重点是学生要掌握的关键内容，教材的难点是学生不容易掌握的教材内容。教师运用启发式教学模式进行教学时要以教材重点为中心，通过口头叙述、动作示范等各种教学方式来引起学生对教材重点内容的思考。体育教师也可以针对重点动作做一些生动、逼真的模仿，这样学生也能比较容易地掌握教学内容。除此之外，教师也要把学生的身心特点、认知能力和学习基础重视起来，遵循因材施教的教

① 潘凌云.体育教学模式探讨[D].武汉：华中师范大学，2002.

学原则，使每个学生的学习效率都能得到保障。

②构建多元评价体系进行科学。评价学生的学习过程或结果主要是为了总结学生的学习效果，对学生学习体育达到一种督促与激励的效果。合理的评价有利于提高学生学习的积极性和主动性。评价的实施步骤具体为：评价标准的确定—评价情境的创设—评价手段的选用—评价结果的利用。评价讲究合理，不要求对标准答案有严格的限制，要根据具体情况保留一定的评价空间。教师在对学生的学习技能做出评价的同时，要引导学生进行自我评价或学生之间的互相评价。

第三节　高校体育教学模式的发展与改革

一、高校体育教学模式的发展

随着我国高校体育教学的不断发展，高校体育教学模式的发展也呈现出新的发展趋势，具体如下。

（一）教学目标越来越情意化

根据对教学理论研究以及教学实践活动进行分析，表明在体育学习活动中，学生的智力因素和非智力因素的作用都是十分重要的。所以构建现代教学模式时，已经对传统的教学活动中对智力因素片面地强调，而对非智力因素的作用加以忽视的状况进行了改变，教学模式不仅仅局限在以增长学生的知识，培养学生的能力等方面为目标，而是要结合情感教育、人格教育、品德教育以及知识教育。而在人本主义心理学所受的重视日渐加强的情况下，教学中更加看重学生的情感陶冶，而情感活动往往是心理活动，因此这种教学模式能够有效培养学生的自立性、情感性和独创性。比如，情景教学模式、快乐体育教学模式等模式往往设有一定的问题情境，从而凸显出教学过程的复杂、新奇、趣味等一系列特征，在浓厚的兴趣、强烈的动机、顽强的意志等状态下，通过对体育知识技能的学习和掌握能够更加激发出学生的求知欲，因此体育教学的发展趋势有着很强的情意色彩。

（二）教学形式越来越综合化

教学模式的形式向综合化发展是指体育教学模式的发展方向更加注重课内课外的一体化。受限于课内学时与时间等因素，所以学生运动技能的自动化培养与促进养成锻炼身体的习惯是非常重要的，对于终身体育也能够积极地进行准备，而这些绝不能仅仅依靠课内的时间。因此，应当明确课内的任务主要是新知识点的学习和改进错误的动作，所以要对课外的时间进行充分的利用。在此时间，学生要积极进行强化练习、过渡练习，并且对已学的知识与技术进行系统的复习与巩固，养成经常锻炼的习惯，从而使运动技能真正做到熟练化、自动化。

（三）实现条件越来越现代化

当前课程改革非常重视信息技术在教学过程中的应用，因此需要将信息技术与学科课程整合到一起，从而使教学内容的呈现、学生的学习、教师的教学和师生互动等诸多方式的变革得以逐步实现，从而使信息技术的优势发挥到极致，使学生在学习和发展过程中能够获得丰富多彩的教育环境以及切实有效的学习工具。而现代化信息技术在课堂教学中的广泛应用也必然能够使教学模式的实现条件逐步走向现代化。运用体育教学模式时加以现代教学手段的配合能够使学生在学习时将视觉与听觉有机结合，从而取得更好的教学效果。

（四）评价标准越来越多元化

不同的教学模式需要用不同的方式进行评价。因此随着教学模式理论基础越发扎实，并且由于教学实现目标的情意化趋势，体育教学模式的评价方式也必然会有变化。单一的评价方式由于无法全面反映出一个模式的科学程度，因此必然会被多元化的评价标准所取代。

传统教学模式往往只重视终结评价所发挥的作用，却极为忽视学生在体育学习和练习过程中的评价，所以学生的学习兴趣、爱好以及情感反映等方面的反馈都是不及时的。学生的期末考试成绩仅仅对学生某几项达标的成绩进行了记录，却并没有体现学生学习的内在动机以及认识的层次提高。所以当代的体育教学模式必然会逐渐重视多元化的评价方法，包括学生的学习过程评价、自我评价以及单元评价等方面。

（五）相关研究越来越精细化

进行理论研究就是要对实践研究进行指导，同时能够有效地总结实践。如果理论脱离了实践，那么对其进行研究将会毫无意义，但目前大多数理论研究存在的问题正在于这一点。因此，要想加强研究的力度，取得更好的效果，就要将理论研究与实践研究相结合。

将理论研究与实践研究相结合，首先，要使教学模式的研究与理论的研究趋势实现同步，从而使其从一般教学模式研究逐步发展到学科教学模式研究，这样课堂教学模式研究也能取得非常大的进展。其次，课堂教学模式的研究趋势要更加精细化，具体来说，包括学期教学模式、单元教学模式、课时教学模式等。因此，精细化是现代教学模式研究发展的必然走向。

二、高校体育教学模式的改革

目前，常见的学校体育教学模式比较有限，但随着体育教学改革的不断推进和创新，还会有更多的教学模式不断出现，并在学校体育教学中得到应用。关于未来学校体育教学模式的改革，其改革侧重点与趋势主要表现在以下几个方面。

（一）重视学生的主体性

传统的教学模式对教师主导作用的重视程度比较高，其将教学过程片面地归结于教师的教，而将学生的学忽视了，这就使学生在教学过程中处于被动地位，对学生主观能动性和能力的培养产生了一定的阻碍作用。

随着以学为中心的教学理论的发展，传统意义上的师生关系有了较大程度的变化，他们的地位和作用也有了一定的改变。"教师中心论"逐渐被"教师主导学生主体论"取代。在这种新的教学观的影响下，体育教学模式也要进行一定的改变。具体来说，主要改革趋势为由教师中心教学模式向教师主导学生主体的教学模式转变。教师主导学生主体的教学模式，有利于学生创新能力、自学能力、探索能力的培养较，在一定程度上调了起学生学习的能动性和积极性。还需要强调的是，这与现代人才的培养理念是相符的。因此，可以将其作为体育教学模式的一个重要的改革方向。

（二）保留演绎型教学模式

教学模式形成的方法主要有由概括实践经验而成的归纳法和靠逻辑生成的演绎法两种。从一种思想或理论假设出发，设计成的一种教学模式，就是所谓的演绎教学模式，其中 20 世纪 50 年代以后产生的教学模式大都属于这一类型。演绎教学模式是从理论假设开始的，形成于演绎，其对科学理论基础非常重视。演绎教学模式的这一特点不仅为人们自觉地利用科学理论作指导提供了一定的可能，而且还为主动设计和建构一定的教学模式达到预期的目的奠定了一定的基础。由此可以看出，演绎型的体育教学模式的发展是教学模式发展的一个重要趋势，是与教学理论的发展和研究方向相符的，因此改革中要注意保留演绎型的体育教学模式。

（三）注重学生能力的培养

现代社会科学技术发展迅猛，知识增长迅速，终身教育的普及以及竞争压力的不断加大，这些都对人们的能力提出了更高的要求，单一的知识积累已经不能使当今社会的需求得到满足。因此，在体育教学过程中，必须在教学模式上进行一定的改进，因为只有这样才能够更好地培养学生的运动能力、一般能力、创造能力、自学能力和社交能力。

另外，在普及九年义务教育初期，就已经开始强调要使学生全面发展德智体美劳，而且在越来越多的实践活动中，人们已经充分认识到了能力的重要性。在这样的条件下，从强调知识的传授逐渐转向重视能力的培养就成为体育教学模式改革的一个重要方向，这样能够使学生在参与实践活动的同时，对自己有更加全面的认识，从而不断挖掘和培养自身的各项能力。

第七章　当代高校体育教学评价的建设与发展

随着基础教育课程改革的顺利推进，现代体育教学思想和体育教学模式都发生了深刻的变革。这些变革对建立与之相适应的体育教学评价体系提出了迫切的要求。因此，只有全方位的变革才能保证和促进我国体育教学的深入发展。本章就对现代体育教学评价体系的建设与发展进行研究，主要涉及五个方面的重要内容，即体育教学评价的基本知识、案例分析、规划与落实、体系构建以及改革与发展。

第一节　体育教学评价的基本知识

一、体育教学评价的概念与含义

（一）体育教学评价的概念

依据教学目标对教学过程及结果进行价值判断并服务于教学决策的活动即为教学评价。教学评价是研究教师的"教"和学生的"学"的价值的过程。

教学评价一般包括对教学过程中诸因素的评价，如教师、学生、教学内容、教学方法与手段、教学环境、教学管理等，但对学生学习效果的评价和教师教学工作过程的评价是重点。以体育教学目标与原则为依据，制定科学的标准，运用一切有效的技术手段，对体育教学活动的过程及其结果进行测定、衡量及价值判断的过程就是所谓的体育教学评价。对体育教师教的评价和对学生体育学习的评价是体育教学评价的两个重要方面。

（二）体育教学评价的含义

体育教学评价的概念包含以下三个基本含义。

第一，体育教学评价是以体育教学目标和体育教学原则为依据而开展的。体育教学目标是对体育教学"是否获得了预先设定的成果"、是否完成任务进行评判的直接依据；体育教学原则是对教学"是否做得合理"、是否合乎体育教学基本要求进行评判的主要依据。教学目标与教学原则都是具有客观性和规范性特征的。

第二，体育教学的过程和结果是体育教学评价的主要对象。学生的"学习"是体育教学评价的重点对象，具体包括学生的学习水平和品德行为；体育教学评价也对教师"教"的行为进行评价，具体包括教师的教学水平和师德行为。

第三，体育教学评价是价值判断和量评工作的过程。价值判断是定性评价，主要是对教学方向的正误、教学方法是否恰当等进行评价；量评工作是定量评价，主要是对能够量化的学习效果，如身体素质的增长和技能掌握的数量等进行评价。

二、体育教学评价的目的

（一）选拔目的

体育教学评价的选拔目的指的是通过实施评价，对学生的体育学习潜力进行判断，从而对优秀的学生进行选拔。以选拔为主要目的的教学评价，如为选择好的学生参加体育竞赛、为评选体育优秀学生等，要以选拔的要求和标准为依据来开展具体的体育评价工作。在这种评价目的下，评价是带有选优性特点的，评价的目的并不面对全体学生，评价的目的有时也不是指向教学目标，因此这种目的在体育教学评价中不是主要的评价。

（二）甄别目的

体育教学评价的甄别目的指的是，通过评价对学生的体育学习状况进行判断，对其成绩进行评定。这是以学籍管理的要求和标准为依据而进行的评价，主要为了甄别学生学习状态，评定学生成绩，如为学生体育标准的成绩评定进行的达标测验、为期末成绩评定进行的体育考核等。在这种评价目的下，评价带有甄别和评比性，评价的目的面对所有学生，评价指向体育学习的效果和学习的态度，也可以指向学生的体育基础。在体育教学评价中这种评价目的占有重要地位。

（三）发展目的

体育教学评价的发展目的是指，通过评价对学生的体育学习问题进行分析，帮助学生在学习上取得进步。这是以教学的要求和需要为依据而进行的评价，目的是发现和反馈学习中的问题。通过实施这一评价，对学生运动技能进步的困难和症结有一个清楚的认识，从而为促进其学习进步而采取有针对性的措施。这种评价目的是教学性的，面对全体学生的学习与发展，评价指向的是学生学习困难和前进方向。因此，这种评价目的在体育教学评价中非常重要。

（四）激励目的

体育教学评价的激励目的指的是通过评价，对学生的体育学习进步进行反馈，从而对学生的学习进行激励。这是以教学的要求和需要为依据而进行的评价。通过评价使学生发现自己的进步和进一步发展的潜力，从而使其获得学习的自信心和成就感。这种评价的目的是面对全体学生的积极性与自信心的，评价指向学生的学习进步和努力方向。在体育教学评价中，这种评价占有非常重要的地位，但没有得到重视。

三、体育教学评价的特征

（一）建立在事实判断的基础之上

体育教学评价在做出价值判断之前必须首先对体育教育价值关系中的客体及其相关因素进行系统扫描和分析，做出事实判断。教学评价所要获取的资料是以体育教学中的各种要素为对象的。此外，为了获取客观准确的资料，还必须用科学的评价方法对可靠准确的评价信息进行收集，去粗存精，去伪存真，这样才能确保评价结果的准确性。

（二）重视身体适应评价

体育教学的目的在于使学生通过身体练习，提高机体承受生理负荷的能力，并逐步产生良好的适应，实现全面发展。所以，反映学生的身体在形态、结构、机能、素质等方面的变化是体育教学评价中对学生学习进行评价的重要内容。现阶段，我国学校体育教学评价的主要对象是学生体育学习中的技能掌握情况和运动素质变化情况。

（三）对体育教学评价的本质做出价值判断

教学评价是以主观需要和愿望为根据对教育活动有无价值、有何种价值、有多大价值等情况而做出的评判。通过评价来了解教育活动是否有利于国家和社会发展，有利于学生身心的全面发展。体育教学评价中需要同时兼顾学生与社会的需求，如果忽视其一或者不能对其本质做出正确、合理的价值判断，教学评价的作用就难以得到充分发挥，就会失去意义。

（四）评价形式与结果的开放性

体育学习结果的公开化是体育教学评价开放性特征的主要表现。无论是新动作技术的学习，还是动作技术测验，当事人的每一个表现，无论是成功还是失败，无论是熟练还是生疏，都清晰地展现在其他同学面前。这也为体育教学的客观评价提供了基础，为学生之间的相互评价提供了可能。

四、体育教学评价的功能

体育教学评价具有信息反馈功能、动机强化功能和考察鉴定三个基本功能。

（一）信息反馈功能

体育教学中，教师衡量自身的教学状况，学生了解自身的学习情况，都可以通过体育教学评价获取大量可靠的反馈信息。通过反馈信息，教师可以对自己教学中的优缺点有一个清楚的了解，从而不断完善教学行为。学生通过这些反馈信息，可以对自己学习情况的优劣有更清楚的认识，从而知道该从哪些方面努力。

需要注意的是，教师在将反馈信息提供给学生时，要以学生的年龄和心理特点为根据，把握适度性原则。一般来说，对于学生的学习情况，教师应在尊重实际的基础上充分给予肯定，对他们的学习积极性和主动性进行激发；对于否定的评价，教师要帮助学生发现问题，分析问题产生的原因，以便学生能有针对性地改进，从而增强学生学习中的自信心。此外，对于学生在学习中产生的紧张与焦虑心理，教师要想方设法地帮助他们加以调节，防止学生失去学习的信心或在学习中产生逆反心理。

（二）动机强化功能

教学评价的动机强化功能是指，通过教学评价对被评价者的积极性进行激发，使其自觉地改进自己的教学行为。动机作用一般分为以自身的内部因素为基础的内部动机作用和以外部因素引起的外部动机作用。教学活动中，不管是教师的自我评价还是学生的自我评价，都可以起到加强内部动机的作用。教学活动中的他人评价，特别是正确的、公平合理的且肯定的评价，能够促进教师或学生积极性的提高，使其在教学过程中保持适度的紧张状态。而不正确、不合理或否定的评价，会对学生或教师的积极性造成一定的打击。因此，发挥教学评价的动机强化功能，最重要的是要对肯定或否定的评价所产生的不同心理效果进行充分的考虑。对不同的评价对象，要对他们的个性特点予以考虑，这样才能产生积极的评价效果。

（三）考察鉴定功能

通过教学评价，能够对教学质量和水平、优点与缺点以及教学中的问题进行考察与鉴定；能够对学生的学习能力、学业状况和发展水平进行判定和鉴别。此外，通过教学评价，还能够为管理者进行决策提供有关依据。体育教学评价的结果直接关系着学生的升级和留级，关系着编班和教师职务的评审和聘用。通过教学评价，可以对教师的教学能力与水平、学生的学习能力与水平进行客观的判定。从这个意义上来说，教学评价对于教学管理而言，也是一项非常有效的措施与手段。

五、体育教学评价的标准

（一）体育教学评价标准的制定依据

1.考虑社会对体育教学的要求

体育教学受社会的制约，通过培养身心健全的人来促进社会的发展与进步。《课程标准》与《体育教学大纲》的相关规定体现了社会对体育教学的具体要求，《课程标准》与《体育教学大纲》对人才的标准和体育教学都做出了相应的规定，这是对体育教学评价标准进行制定的依据。因此，对《课程标准》和《体育教学大纲》的深入研究，尤其是对体育教学目标的研究是制定体育教学评价标准的基础与前提。

2.以相关教育学科知识为基础

教育学科是对教育教学规律进行揭示的科学，体育教学活动只有以它为指导才能达到预期的教学目标。体育教学评价是理论与实际相结合的活动，只有理论知识而不联系实际，就无法使评价活动顺利开展，更不能发挥教学评价的功能与作用。但如果只有实际，却不掌握教学的本质、教学原则、规律、方法等理论知识，就难以制定出科学的评价标准，也无法对体育教学实践进行科学的指导。

3.考虑被评价总体的状态和水平

教学评价本身并不是作为目的而存在的，它是使预期教学目标顺利实现的手段。通过评价发现教学中存在的问题，并提出解决的方案，使体育教学活动处于优化状态。因此，对评价标准进行制定时，要对被评价对象的整体状态和水平进行考虑，只有这样，评价工作才具有有效性，才能实现预期的效果。如果设置的评价标准过高，可能会使被评价者因无法达到标准而丧失前进的勇气和信心；如果设置的评价标准过低，可能导致被评价者因过于自满而不再继续努力。

（二）体育教学评价标准的表达方式

体育教学评价标准主要有评语式标准、期望行为式标准、隶属度式标准三种表达方式。

1.评语式标准

常用的评语式标准是将末级指标按内含分解成若干因素，每个因素都以评语式的语言叙述标准。[①] 一般来说，可以将评语式标准分为以下几种形式。

（1）分等级评语式标准。分等级评语式标准指的是对每个末级指标都列出各等级标准。表7-1是体育教师体育教学质量评价指标体系中的分等级评语式标准。

表7-1　分等级评语式标准

等　级	等级标准
优	内容准确，适量适度，重点突出，难点分散，渗透思想教育
良	知识准确，适量，体现重点、难点
一般	知识比较准确，有重点，有详略
差	传授有误，重点、难点模糊，内容组织不合理

（2）期望评语式标准。期望评语式标准是以期望的最理想的要求来拟定体育教学评价指标体系的每项末级指标的相应标准，所以这种标准只给出最高等级的标准，其他等级的标准只能以最高等级的标准为依据来进行推及，其分寸把握起来有一定的难度。

（3）积分评语标准。积分评语标准是将末级指标分解为若干要素，为每个要素赋相应的值，每个评价对象在各要素上的得分之和便是其评价总分。表7-2是体育课堂教学质量积分评语评价标准。

表7-2　积分评语评价标准

指　标	要素评价标准	记分（满分20）
教学方法	教法选择具有科学性、灵活性、实践性，有利于提高教学效率	6
	能根据教学内容的特点灵活使用现代化教学手段	4
	对学生进行学法指导，使学生学会对知识进行分析、综合和概括	4
	实施无区别化教学，是学生能够在一定程度上有选择学习的机会和条件	6

---

① 潘绍伟.学校体育学 [M].北京：高等教育出版社，2008.

2.期望行为式标准

期望行为式标准是指将每个末级指标分解为若干行为因素，对每个行为因素选择一个具体的关键行为作为评价该行为因素的标准。[①]

3.隶属度式标准

隶属度式标准是用模糊数学中的隶属度函数为标度的评价标准。就内容而言，这种标准仍是评语式等级标准，只是这种标准是用模糊集合的概念，采用 [0，1] 区间赋值的办法对每个要素各等级的隶属度范围做出规定。

（三）体育教学评价标准的构成体系

1.素质标准

素质标准也被称为"条件标准"，这种评价标准是从评价对象承担各种职责或完成各项任务应具备的素质的角度而提出来的。体育教师应具备的基本素质包括以下几点。

（1）热爱体育教育事业，有强烈的责任感、为人师表、以身作则。

（2）有科学的世界观和高尚的道德品质，有比较渊博的体育专业知识。

（3）懂得教育教学规律并具备良好的教学素质和教学方法技能等。

合理的素质标准可以使评价对象严格规范自己的言行，自觉提高自己的素质。

2.效能标准

效能标准包括以下两个部分。

（1）效率标准。效率标准一般指以产出与投入的比例为依据对工作成果进行衡量。在体育教学评价中，采用效率标准进行评价，就要对教和学的时间因素进行考虑，具体就是在规定的时间内，评价体育教师是否以大纲要求为依据完成了教学任务，学生在思想、体育知识、技术、技能的掌握及增进健康等方面是否达到了应有的水平。

（2）效果标准。效果标准是从工作效果的角度确定的教学评价标准。体育教学效果标准一般从以下三个方面来考虑。

首先，体育基本知识、基本技术、基本技能掌握标准。它主要是对体育教学中学生掌握体育基本知识、基本技术的数量与质量情况进行考察。

其次，能力发展标准。在体育教学评价中，要对学生智力、个性的发展

---

① 潘绍伟.学校体育学 [M].北京：高等教育出版社，2008.

情况，体育锻炼的能力情况进行考察。

最后，思想品德教育标准。在体育教学中要注意积极开展思想品德教育。

效果标准与效率标准既有相似的地方，又有一定的差异。效果标准是以预定的目的为依据对工作的成果进行考察，它对投入的人力、物力和时间不予考虑。效率标准是教学评价中最根本的标准，综合考察人力、物力、时间的消耗以及成果，能够督促体育教师对工作效率的关心与重视，从而促进教学效果的提高。在体育教学评价中，应把效果标准和效率标准结合起来进行运用。

（3）职责标准。职责标准主要是用来对评价对象所承担的责任和完成任务的情况进行评价。对体育教师的教学工作进行评价时，要从以下几方面展开。首先，要看体育教师的备课质量，即考察教师对体育教学大纲钻研的程度，对学生的了解程度，对教材重点、难点的明确程度，对教案编写及场地器材布置的合理程度等。

其次，看教师上课的质量。主要对授课内容是否科学，教学目的是否明确，教学方法、手段是否有效，教学重点是否突出，教学语言是否清晰，示范动作是否正确等进行考察。

最后，看体育教师的教学是否贯彻相关原则及要求。如果是在坚持体育教学原则的基础上开展的教学工作，必然能使教学过程变得生动、活泼，产生良好的效果，反之难以得到预期效果。

职责标准能促进评价对象事业心和责任感的增强，能使其更加关心教和学的全过程。在体育教学评价过程中，应将职责标准与教学效果结合起来进行综合性的评价，防止只注重过程不注重结果或不注重过程只注重结果的错误倾向出现。素质标准、效能标准以及职责标准既相互独立，又相互统一。体育教学活动较为复杂，素质标准对这一复杂的教学过程起着决定性的作用，职责标准的主要作用在于推动体育教学活动的不断优化，效能标准是素质标准和职责标准功能的反映。

第二节　体育教学评价的案例分析

一、教师对学生学习评价的案例及分析

（一）案例陈述

下面重点分析教师对学生学习的综合评定，如表 7-3 所示。

本案例主要从体能、知识与技能、学习态度以及情意表现与合作精神等几方面对学生的体育学习成绩进行综合评价。这几方面的具体评价细则如下。

表7-3　学生体育学习成绩综合评价表

序　号	评价内容		评价等级					权重系数
			非常优秀	优秀	良好	基本达标	待达标	
1	体能	体能测试						0.17
2		进步幅度						0.06
3	知识与技能	健康知识						0.515
4		运动技能						0.16
5	学习态度	出勤情况						0.05
6		平时表现						0.11
7	情意表现与合作精神	情意表现						0.515
8		合作精神						0.15
隶属度			0.95	0.75	0.65	0.55	0.45	

1. 体能的评定

具体参照《学生体质健康标准》进行学生的体能测试，具体以《学生体质健康标准》为依据制定进步幅度的标准。在原有成绩的基础上没有任何进步或退步都是待达标，提高一个档次为基本达标，提高两个档次为良好，依此类推。

2.知识与技能的评定

依据特定标准，综合师评、学生互评和自评多种方法进行评分。

3.学习态度的评价

出勤率是对学生出勤情况的评价。评分标准为：95％—100％非常优秀；90％—95％优秀；85％—90％良好；80％—85％基本达标；75％—80％待达标。平时表现评价表如表7-4所示。

4.情意表现与合作精神的评定

具体内容如表7-5、表7-6所示。

表7-4　学生平时表现评价表

序　号	评价内容	分值	自评	互评	师评	总评
1	集队"静、齐、快"；认真做好课堂笔记	12				
2	认真做好自评和对其他同学的互评工作	13				
3	主动自觉地参与体育活动	12				
4	遵守课堂常规和课堂纪律	12				
5	积极思考，为达到目标反复练习	13				
6	认真听教师讲课，看教师示范	12				
7	学习方法能体现出灵活性和创造性	13				
8	认真完成课外作业和接受教师指导	13				

表7-5　学生情意表现评价表

序　号	评价内容	分值	自评	互评	师评	总评
1	自觉运用体育活动调整心理	13				
2	为达到目标坚持不懈地努力学习	13				
3	坚忍的意志品质，勇敢的拼搏精神	13				
4	敢于面对困难，勇于克服困难	12				
5	在活动中有展示自我的欲望、行为	13				
6	大胆地做练习，能战胜自卑	12				
7	能勇于挑战自我，战胜自我	12				
8	通过体育活动树立信心	12				

表7-6　学生合作精神表现评价表

序　号	评价内容	分值	自评	互评	师评	总评
1	尊重老师，尊重同学	13				
2	主动承担在小组中的学练任务	13				
3	在比赛中，能为小组的荣誉全力以赴	13				
4	在比赛中尊重裁判、尊重对手	12				
5	不计较胜负，赞扬对手	12				
6	认真分析失败原因，不埋怨他人	12				
7	能与他人很好地交换自己的意见和见解	13				
8	主动安慰、帮助受挫失败的同学	12				

（二）案例分析

　　本案例对学生的综合评定重点从体能知识与技能、学习态度、情意表现与合作精神等方面展开，内容较为丰富全面。同时，在体能评价中，对学生体能先天差异的客观事实也进行了考虑，通过进步幅度的标准来评价学生的体能情况，这对于激励体弱学生的锻炼积极性具有良好的作用。

　　当然，本案例还存在一些不足的地方，具体表现如下。

　　（1）在体能评价方面采用了进步幅度评价，该评价方法对原本体能良好的同学稍显不公平，特别是"没有进步为待达标"这项标准，使一部分学生的锻炼积极性受到影响。

　　（2）在知识与技能的评价中，综合采用师评、自评以及互评的方法明显与对知识、技能进行客观评价的原意不符。

　　（3）在整个评价中，体能、知识与技能学习态度、情意表现与合作精神各方面所占的比重没有得到显示。

　　（4）评价方案中的综合评价具有模糊性，而且提供了隶属度和权重系数，在实际评价中，这会使教师的计算工作量大大增加，增加了操作的难度。

　　（5）在平时表现、情意表现和合作精神表现方面存在几处问题。首先，在内容设计方面存在不妥。例如，"认真做好课堂笔记"，体育教学中记录课堂笔记并非经常性事件，将其作为学生的平时表现与实际不符；"坚忍的意志品质、勇敢的拼搏精神"，这里对具体的表现情境没有做好交代，所以，"坚忍的意志品质，勇敢的拼搏精神"是体育教学的结果，还是学生本身已经具有的内在品质，对此很难进行判断。其次，在平时表现、情意表现和合作精神表现的每项内容中，都涉及教师评价。例如，"能勇于挑战自我、战胜自我""坚忍的意志品质、勇敢的拼搏精神"等，教师要对此进行评价没有客观的标准。而且，每项都需要教师评价，增加了教师的工作量，因此在实际的评价中很难行得通。

二、学生自我评价的案例及分析

（一）案例陈述

下面以学生退出协议自我评价法为例来进行分析。

为了对学生的进步情况和学生本人的学习感受进行快捷简单的评价，在学生中成立学习小组，在单元学习结束前，学生必须填一张退出协议以作为自己走出学习小组的"通行证"，具体如表7-7所示。

表7-7　退出协议

这是你今天结束单元学习的"通行证"，在离开前你必须交回这张票。 学生姓名：　　　　　日期： 我喜欢我们小组的原因： 学习方案中我所关心的是： 在这个小组中我希望能学到： 我还未解决的问题是： 我想为我们小组做的事情是：

（二）案例分析

本案例是对学生在结束单元学习后进行的总体评价，它能够使学生在本单元学习的整体情况得到侧面反映。学生进行自我评价，不仅可以为教师开展下一单元的教学活动奠定基础，还可以使学生清楚地了解自己在学习中存在的不足。因此，它可以将学生的学习情况客观真实地反映出来。

三、学生对教学过程评价的案例及分析

（一）案例陈述

下面以学生刚上完体育课做的体育与健康课堂教学评价问卷调查为例来分析，问卷的具体内容如表7-8所示。

表7-8 体育与健康课堂教学评价问卷（学生用表）

评价项目	评价内容	权重分数	得分
学习方式	有自己明确的学习目标	5	
	明白自己的学习任务，知道学什么、怎样学	5	
	在教师组织下，成功地应用学法，手、脑、口等多种感官并用，开展练习活动	5	
	积极参与练习，争取发表自己的看法，接受他人的意见	5	
	对学习内容能主动探索、思考，而不是被动接受	5	
学习水平	在体育课堂上，感觉非常愉快	5	
	在教师指导下，充分利用自己已有的知识和能力，学习新的知识、技能	5	
	认真思考学习过程中遇到的各种问题，勇于克服遇到的困难	5	
	遇到问题时，能及时与教师沟通，交换看法	5	
	善于与同学们互相帮助、学习，合作完成一项任务	5	
	在教师组织下，积极参与小结、总结和回顾认知过程，反思学习方法	5	
	课上能得到同学和教师的评价与鼓励	5	

续　表

评价项目		评价内容	权重分数	得分
学习效果	知识目标	具有必备的知识和能力准备，并激活了这些原有的储备	5	
		学到了关于运动与身体健康的知识	5	
		学会了一些新的运动技能或战术配合	5	
	能力目标	能自主地进行体育学习、练习	5	
		感觉自己在思维、组织或合作等方面有所提高	5	
	情感目标	将体育老师看作是自己的朋友	5	
		达到了自己的预期目标，获得了成功的体验	5	
		在遇到困难时，表现出果断和勇往直前的精神状态	5	
总分				
写给老师的话				
写给自己的话				

（二）案例分析

本案例是在体育课刚结束后，对学生做的一个具有针对性的调查。学生刚上完课，印象还较为深刻，此时进行调查有利于获得第一手资料，然而此时进行调查也可能使学生对体育教师的评价失去客观性。所以，在使用这一问卷进行调查时，要注意结合其他评价方法，从而使教师的教学水平更加客观地反映出来。

四、教师之间相互评价的案例及分析

（一）案例陈述

下面以课堂教学观察记录为例进行分析，具体如表 7–9 所示。

表7-9　课堂教学观察记录表

省　市（地区）县（区）学校

课程名称		授课教师		班级	年级　班
课程性质	学科/活动	课程类别	必修/限选/任选	授课时间	第　节
教学内容					
基本教学方式：①讲授；②讨论；③比赛；④练习；⑤辅导；⑥其他 辅助教学方式：①____；②____；③____ 教学态度 教学准备的充分程度 对所教内容的熟悉程度 教学目标的合理性与清晰性 教学内容选择的合理性 教学进度掌握的合理性 教学方法运用的合理性 教学时间利用的合理性 教学过程质量 知识内容表达的准确性 语言表达的条理性 讲授过程的启发性 讲授过程的生动性 板书的规范性 师生交流的充分程度 学生互动交流的充分程度 课堂秩序 课堂气氛 学生学习态度 教学效果 知识掌握 技能培养 思想品德教育					
现场评价					
优点： 需要改进的地方：					

观察时间：年　月　日　　　　　观察者（姓名/职称）签名：

（二）案例分析

随着体育与健康课程改革的不断深入，对体育教师提出了越来越高的要求，为了促进教师教学质量的进一步提高，可采用教师互评的评价方式来对教师的教学情况进行评价。为了促进评价可信度的提高，本案例对教师听评课的案例表进行了设计，这样能更好地为听课者选择评价角度进行引导，也可以使讲课教师清楚自己应该从哪些方面来准备和提高，这样对教师会有更大的帮助。但是，本案例中有借鉴其他学科的内容，因此教师在运用时要结合自己的实际情况进行适当修改。

第三节 体育教学评价的规范与落实

体育教学是在不断变革的过程中逐步实现发展的。在这一变革过程中，人们对体育教学评价的有关问题逐渐予以了高度的关注与重视。体育教学评价的指标体系、方法与模式随着新课程的改革不断增加与完善，而且依靠计算机操作的评价软件也随之得到了广泛的使用。这充分表明，体育教学评价正在向科学化、精确化与系统化的趋势不断发展。然而，对体育教学评价的指标与方法的研究不能仅仅停留在理论层面，更要从实践层面来加强对这些评价指标与方案的运用，这样才能促进体育教学评价实践价值的增强。具体来说，现代体育教学评价的规范与落实重点要从以下几方面着手。

一、建立科学的体育教学评价指标

从系统论的角度来看，体育教学目标应该具备一定的科学性、简便性与易操作性。由于体育教学评价是对体育教学目标完成程度的一个考核方法，因此体育教学评价也必须相应地具备体育教学目标的特征，即简明、科学、利于操作。虽然近些年体育教学评价指标的制定与完善受到了有关人员的重视，但存在大量缺陷的评价指标仍有很多，这些缺陷与不足主要体现在评价指标比较复杂繁多、不易于操作或操作起来要花费大量的时间与精力。所以，体育教学评价的规范与落实首先要解决的问题就是科学建立体育教学评价指标，并注意在充分考虑我国国情的基础上解决这一问题。建立体育教学评价指标重点要从两方面进行：一方面，要从理论层面加强对体育教学评价体系的深入研究；另一方面，要从实践层面对体育教学评价进行科学的改革。在对评价指标进行建立的过程中，不仅要以我国国情为基础，而且还要对国外体育教学评价的成功经验进行合理的借鉴，从而使我国体育教学评价指标体系既具有东方特色，又呈现出国际风采。

下面对科学建立体育教学指标的主要步骤进行具体的分析。

（一）初步拟定指标

对体育教学评价指标进行初步拟定时要以体育教学评价目标为基本依据，而且研究人员要根据自身对体育教学的理解和自身的实践教学经验来开展具体的拟定工作。具体拟定方法是：先分析相关因素，对评价指标进行逐级分解（具体以评价内容的内在逻辑结构为依据进行分解），然后按照逐级分解后的因素来拟定指标（高层—低层是评价指标的分解顺序，因素的级别越低就越具体），直到被分解的因素可以被观测后停止分解程序，这样从抽象到具体逐级排列的指标体系就形成了。

（二）筛选拟定指标

经过初步拟定的体育教学评价指标后，这时的指标还不是很简单、明确，所以，为了使评价指标的简约性与科学性得到保障，要对初拟指标进行合理筛选，具体可采用经验法来进行筛选。

经验法就是以个人或集体的经验为依据，对评价指标进行归类与合并，从而对评价指标进行进一步明确的方法。个人经验法与集体经验法是经验法的两种常见类型。

1.个人经验法

个体以自己的经验为主要依据，运用思维的方式（比较、排列、组合）对初步拟定的指标进行加工和决定评价指标去留的方法就是个人经验法。个人经验法操作简便，但容易受到个人主观经验的影响，造成评价指标被筛选后存在片面性的缺陷，这也是这类经验法的不足之处。

2.集体经验法

运用问卷调查的方式进行统计的方法就是集体经验法。个人经验的片面与局限在集体经验法中能够得到克服，因而其与个人经验法相比具有较强的科学性。所以，在对拟定指标进行筛选时采用集体经验法更有说服力。

（三）权衡指标分量

将体育教学评价指标确定之后，要对其在体育教学评价体系中的重要性进行科学的衡量，也就是权衡其分量，才能确立评价指标的地位，清楚评价指标的重要性。评价指标重要性的权衡方法主要有两种，具体分析如下。

1.依靠集体力量的权衡

在集体力量的权衡中，集体主要包括学校体育研究人员、教育部门的相关工作人员、学校体育部门领导以及体育教师等相关人员。依靠这些人员的经验与力量，可以对评价指标在评价内容中的地位和重要性有所了解，从而为权衡评价指标提供科学的依据。这种权衡方法比较全面、科学，但其也有一定的缺陷，即集体中的成员因意见不统一而对权衡结果的统一性造成影响。

2.两两比较的权衡

两两比较的权衡是指对评价指标进行分组，一组包含两个指标，有关工作人员对同一组两个指标的某一特征进行对比和评判，并运用矩阵形式对比较与判断的结果表示，从分析结果中明确指标的优先顺序，从而直观地察评价指标的重要性。

（四）确定评价标准

做好前三个环节后，就是最终确定体育教学评价标准了。体育教学评价标准的设计主要包括标度的设计与标号的设计。

1.标度的设计

表示标度的方法主要是定量与定性。通常用具有描述性的语言，如熟悉、不熟悉，了解、不了解等来对定性标度进行表示。

2.标号的设计

标号是对标度加以区别的符号。确定标度后，要用一些区别性的符号，如优秀、良好、中等、合格、不合格等来对标号进行表示。

二、重视体育课堂教学质量

学校体育教学的主要形式就是课堂教学。体育课堂教学的质量随着新课程改革的不断深入而受到了越来越高的重视。在对体育课堂教学评价进行研究的过程中，研究人员提出了一些具有实质性意义的建议，并积累了大量成功的经验。然而，这些经验与建议在体育教学实践中的操作性并不是很高。这主要是由于体育课堂教学的评价主体在多方面都存在差异，要用量化标准对课堂教学质量作出定量评价有相当的难度，所以体育课堂教学的实际情况也很难在评价中得到真实的反映。因此，研究人员与有关学者一定要将对体育课堂教学质量的评价重视起来，对科学合理并具有可操作性的评价方法进行积极的研究，从而促进体育课堂教学质量的提高。

三、充分发挥体育教学评价反馈与指导功能

体育教学评价具有反馈与指导两个基本功能。评价主体在对体育教学做出评价的过程中，不仅要对体育教学评价的相关因素进行考虑，同时要对与体育教学相关的一些要素进行全方位的考虑，从而使评价更好地为促进体育教学的完善而服务。在对体育教学做出评价之前，首先要对体育教学目标进行制定，并以此为依据展开具体的教学评价工作。体育教学评价的结果能够将教学目标的设定是否合理比较准确地反映出来，一般会出现如下两种评价结果。

第一，体育教学评价的结果良好，这说明制定的体育教学目标较为合理。

第二，体育教学评价没有取得理想的评价结果，这说明教学目标与教学准备工作不合理，需要有针对性地对体育教学工作的各个环节进行调节。

四、建立全面的"教"与"学"的评价体系

体育教学包含教师的"教"与学生的"学"两个方面的活动，所以体育教学评价工作的开展也要从这两个方面着手，即进行教授评价与学习评价。当前，针对学生学习评价而进行的研究比较全面，针对教师教授评价而进行的研究较为片面，主要是对教师的课堂教授情况进行评价。从这一点来看，要实现体育教学两个方面的评价目标有一定的难度。鉴于此，有关专家与学者要对教师的教授评价与学生的学习评价进行全面而深入的研究，分别建立体育教师"教"的评价体系与学生"学"的评价体系，从而使体育教学评价的全面性与科学性有所保障。

第四节　现代体育教学评价体系的构建

一、体育教学评价体系的构建原则

（一）科学性原则

在构建体育教学评价体系时，必须要建立一个完备的整体评价指标体系，使评价体系可以将评价目标的要求全面反映出来。对指标的选择应遵循教育的一般规律，确保指标体系内的各个指标之间能够保持相互独立，同一层次的各项指标之间既不存在因果关系，也不存在重叠关系（包含和被包含）。

（二）客观性原则

对现阶段体育教学评价体系的构建，离不开相应评价理论的科学指导，而且要以我国学校的现实状况为基本依据，要对评价中存在的诸多因素进行全面、系统且客观的分析，使评价体系的结构要素具有一定的客观性，从而更好地促进体育教学效果的提高。在进行体育教学评价的过程中，要特别注重贯彻客观、公正、合理的原则，客观、实事求是地判定教师的"教"和学生的"学"。

（三）可行性原则

评价体系中的各项指标都要与体育学科的特点和学生的身心发展特征相符，所制定的标准需要满足基本的可行性要求。在对评价目标和指标体系进行制定之前，应系统地调查与分析我国高校体育教学现状，深入了解当前我国高校体育教学评价的现状，并对存在的问题与不足进行分析。此外对于体育教学评价中的优势也要予以积极的肯定，在此基础上对评价体系进行科学的构建，所制定的评价指标要能够将体育教学的效果反映出来。

（四）可比性原则

体育教学评价体系中的各项指标都必须能够对评价对象的共同属性进行反映，并具有可测性，即每项指标都应作为具体目标，要用具体可操作的语言对其进行界定，而且通过使用一定的评价方法，能够对其进行观测和了解，并得出明确的结果。还要注意的是，应尽量简明地设置评价指标，确保指标的可操作性和可比性。

（五）导向性原则

对体育教学评价体系进行制定，要使其能够对体育教学发展的方向进行指导，并对开展体育教学活动有积极的影响，要可以将教学评价的导向功能充分发挥出来，及时反馈信息，以便进一步促进教学质量的提高。教育评价是为了提高教育质量而开展的工作，而教育质量提高的主要目的在于促进学生的全面发展。通过评价，要能够将体育教学活动中存在的合理之处和不合理之处显示出来，从而进行相应的肯定和否定，为教师教学工作的开展与改进提供科学的意见，为学生的学习提供积极的指导。

（六）全面性原则

开展体育教学评价工作，就要全面考察与描述评价对象的各个方面，要综合评价与全面考察被评价者。因此，要收集评价指标中各个指标的信息，然后对各个信息与要素都进行全面分析，并做出相应的判定。

二、新形势下体育教学评价体系构建的设想

（一）树立新的体育教学评价指导思想

现阶段，在素质教育的实施过程中，体育教育改革与发展的实现离不开科学的体育教学评价，体育教学质量的提高也离不开评价工作的开展。

新的课堂教学评价标准应对学生在课堂教学评价中的主体作用进行重点强调，具体从以下几方面来突出对该方面的强调。

首先，对学生的学习予以关注，促进学生的全面发展。其次，强调教学内容与学生生活之间的联系以及现代社会和科技发展之间的联系。再次，对

主动、合作、探究的学习方式进行积极的倡导，使学生充分发挥自己的主观能动性，形成科学的价值观。最后，注重对学生创新精神与实践能力的培养。

（二）有机结合量性评价与质性评价、行为评价与心理评价

量化评价固然很多优点，但在体育课堂教学中使用该评价方法，容易把复杂而又丰富的体育课堂教学过程弄得过于简单化和格式化。而采用质性评价的形式进行评价对于复杂而丰富的课堂教学过程而言更为有益。该评价方式对体育教学过程中完整而真实的表现（如原有基础、个体差异、参与程度、提高幅度等）有突出的强调，不仅对认知层面进行考察，同时考察表现等行为层面。所以，从发展性评价的角度而言，结合量性评价与质性评价两种方式对于提高体育教学评价效果更有意义。结合这两种评价方式，能够给质性评价提供一种数量化、趋势性的参考，而且可以采取等级评定方式来说明体育课堂教学评价的结果。

在体育教学评价实践中，不仅要对容易量化内容的定量测评（体能、技能的测试）予以重视，更要将难以量化内容的定性评价（实践能力、创新能力等指标的评价）重视起来，这也是体育教学评价中的一大难点。此外，还要重视对行为评价与心理评价的综合采用。因为体育教学评价是一个价值判断的过程，较为复杂，它不仅存在具体、直观、外在等方面的特性，还具有一定的抽象性、间接性及内在性。只通过对某个指标（或量表）的借助，难以既对行为表现方面进行观测判断，又对心理倾向和行为特征方面进行客观评价。虽然将心理评价内容加到评价体系中使评价的难度增加了，但在实践中进行心理评价有很重要的意义。

（三）由重视结果向重视过程转变

目前，从各国体育课程改革和体育教学改革的趋势来看，都对教学与学习的过程给予了高度的重视，而且对培养学生的创新精神与实践能力也很关注，这在世界上已经形成了共识。从现代知识论的层面而言，知识并不是一个结果，而是一个过程。学习与探索知识的过程是学习者整个心灵和生命中不可或缺的一个重要过程。不仅如此，体育教育追求的真正目标在于使学生能够对本学科与其他学科知识进行融会贯通、重新组合，并在此基础上对其加以创造性地运用。

第五节　高校体育教学评价与发展

一、体育教学评价的改革措施

（一）改进评价体制，实施多方位评价

在原有的体育教学评价模式中，评价仅仅只是教师的"专利"，学生只是作为评价对象而存在的，其评价的权利往往得不到重视。教师作为体育教学的主导者，需要充分了解学生的身体素质基础、运动能力状况，针对学生的学习、锻炼表现情况进行多方面的评价，从而将学生的学习积极性充分调动起来，尽快实现体育教学目标。随着"水平目标"的设立，教师每个阶段的教学任务都会发生一定的变化，而且体育教学内容的选择、教学方式方法的应用等也会相应地发生变化。这就要求在体育教学中，以五个学习领域（运动参与、运动技能、身体健康、心理健康、社会适应）为主要依据来对评价内容进行设立，从而保证评价结果的客观性和准确性。

（二）通过"学习小组"促进学生协作能力的增强

对于很多体育项目来说，以学习小组为评价对象都是比较合适的。其中，较为适用的项目内容主要有：队形队列练习，小组篮球、排球、足球等比赛，早（课间）操，各种距离的接力等。评价"学习小组"的主要目的是促进小组内成员合作能力的发展，促进学生社会适应能力的提高。由于学习小组内学生的成绩具有统一性，每个人的学习表现都会直接影响整个小组的学习情况，所以每个小组内的学生都会承担起对不自觉学习的成员进行监督的职责，从而共同营造积极健康的班级学习氛围，这对于学生集体学习积极性的提高和协作能力的增强具有积极意义。

（三）对体育课特有的教学环境资源积极开发

体育课具有一定的优势，即具有得天独厚的课程资源优势来应对课程

改革。课程改革提出，要不断提高学生的社会适应能力、相互协作与人际交流能力。对于体育课来说，其教学环境、教学载体等都是多样化的，甚至不同年级的体育教师都可以合作，从而使学生的社会适应能力、相互协作与人际交往能力等得到全面的提高，进而使学生学会走出自我，积极参与到其他各类体育活动中。与此同时，还能够使学生学会从他人的体育活动与学习中获取健身知识，学会以"体育运动"为载体使自身的人际交往能力不断提高。

二、体育教学评价的发展

现代体育教学评价呈现出如下几方面的发展趋势。

（一）评价主体互动化

现代体育教学评价强调将完整的有血有肉有感情有个性的人当作自己的评价对象，并通过评价努力促使受教育者的个性充分发展。现代体育教学评价注重质的分析，将所有对学生个性发展有意义的东西作为评价的对象，包括知识、能力、情感、兴趣、爱好、创造力、意志、态度、品格等多个方面；强调评价过程的开放、互动、透明和评价主体间的双向选择、沟通和协商，共同关注评价结果，学生自评、互评，师生之间的自评、互评都能够使学生对自己的优点和不足有所明确，这样就更能将评价的激励性和发展性体现出来。

（二）评价内容多元化

现代体育教学评价的内容向多元化的趋势发展，其包括认知、技术技能和情感三个方面的评价，而不是单一的技术技能达标考评或健康测验。随着素质教育的不断深入，学校开始逐步重视学生综合素质的评价，不仅关注学生的学业成绩，而且对学生的创新精神、实践能力以及心理素质的培养也给予了一定的重视，特长生的个性发展尤其受到了教师的普遍关注。充分发挥多元评价模块的作用，有一定特长或潜能的学生发现自己的闪光点，从而促进学生的和谐发展。这也是落实和谐发展、个性张扬办学理念在体育教学学生评价体系中的突破。

（三）评价体系多维化、多元化、综合化

体育教学的考核评价体系应该是由锻炼习惯评价、日常行为评价、体育技术技能评价、基础知识评价与体质状况评价等多方面评价共同构成的综合评价体系。

体育教学评价中，过程评价与终结评价结合、体育教师评价与学生评价结合、学生自评与互评结合、体育技术评价与运动技能评价结合、以学生个体发展为主的纵向评价与横向对比结合、体质状况评价与心理素质水平评价结合的多维的评价体系能够使每个学生通过体育课程学习获得全面健康的发展。

多元化是体育教学评价理论与实践发展的总趋势，这种多元化包括体育教学评价思想的多元化、评价方法的多元化以及评价主体的多元化。任何一种体育教学评价理论的形成与发展都是在一定的社会历史条件下实现的，永恒不变的体育教学评价标准和方法是不存在的，因而它具有历史性；任何一种体育教学评价理论都是为教育发展服务的，因此它又具有明显的社会性特征。目前有关学者正在对教学评价理论的科学化问题进行努力的探索，体育教学评价同样存在科学化问题。尽管科学化是一个漫长的历史过程，但只要体育不断发展，那么体育教学评价的科学化问题就将存在下去。

第八章 当代高校体育教学管理的建设与发展

在现代学校教育教学中，体育已成为其中的重要组成部分。随着现代教育改革的不断深化，以及在"终身体育""健康第一"等教学思想的指导下，体育教学在现代学校教育教学中的地位与日俱增。对现代体育教学进行有效管理，已成为当下亟待研究的课题。因此，本章就现代体育教学管理体系的建设与发展进行研究。

第一节 体育教学管理的基本知识

一、体育教学管理的概念与原理

（一）体育教学管理的概念

体育教学管理是一项系统的、综合性的工作，是具有一定管理权力的组织和个人对体育教学的人、财、物、信息和时间等方面进行的综合性管理。具体而言，其管理包括控制、监督、组织、协调、计划等方面。

现代体育教学管理是一个系统的过程，并且其工作内容也涵盖了体育事业的各个方面。体育教学管理是一项综合性的活动，其各个子系统与体育管理总目标保持着一定的一致性。在体育教学管理过程中，各个系统之间是相互影响、相互制约的关系，共同促进了体育教学管理总体目标的实现。

体育教学管理是一个周期性的活动，一般可将其分为三个阶段。第一阶段为计划阶段，这是体育教学管理的首要阶段。这一阶段主要的工作包括对教学和管理中的问题进行分析和预测，确定体育教学管理的目标，并进行相应的决策等。第二阶段为管理的实施阶段，这是管理过程的中心环节，这一阶段的重要工作包括教学管理的组织、指导、协调、检查和监督。第三阶段是体育教学管理的最后阶段，这一阶段的主要工作包括对体育教学管理开展对比、总结和评价等。这三个阶段构成了体育教学管理的周期，三者之间相互促进、相互联系。

（二）体育教学管理的原理

1. 系统原理

管理是一个大的系统，系统中包含着多个要素，这些要素之间相互依存、相互联系。它们按照一定的结构动态地相互结合在一起，依据整体目标的要求进行组合。通过对系统理论的运用，细致地系统分析管理对象，从而使现代科学管理的优化目标得以实现，这就是系统原理。

根据系统原理，可以总结出体育管理的管理原则。将这些原则应用于体育管理，可以促进体育管理工作的顺利完成。

（1）"整—分—合"原则。具体来说，就是对整体工作进行详细的了解，并在此基础上分解整体，使之由多个基本要素组成，然而对每个要素进行明确的分工，规范每项工作，进行责任制的建立，然后进行科学的组织综合，最终提高管理功效。

（2）相对封闭原则。管理系统具有系统各要素之间的关系、相关系统外部之间的关系两大基本方面的关系。使系统内的管理手段、措施构成一个连续的封闭回路，进而构成完整的管理，形成有效的管理运动。

（3）优化组合原则。对体育教学系统各要素的组合（组织、目标、人才、环境的优化组合）要科学，只有这样才能提高教学管理系统整体的效益。

2. 人本原理

人本原理是指一切管理活动均应以调动人的积极性、做好人的工作为根本，要求管理者在管理活动中做到以人为本。

人是管理活动的核心和主体，在体育教学管理系统中，要以人为本，重视人的工作态度、工作动力、工作能力的观察和挖掘，根据人的能力水平安排工作，从物质、精神、信息等方面为工作人员提供动力支持，使人性得到最完善的发展，以促进体育管理活动的顺利开展。

3.效益原理

体育教学管理要想实现管理效益的最大化，就必须在对各个环节、工作进行管理时，都要以提高效益为中心，科学、节省、有效地使用有限的人力、财力、物力、智力和时间、信息等资源，这就是效益原理。

从本质上讲，管理的根本目的就是效益。因此，体育教学管理也要重视社会经济效益的实现，确定管理活动的效益观。要从不同的主体和不同的角度去评估管理效益，并在管理过程中及时协调影响管理效益的各因素的关系，促进最佳效益的实现。

4.动态原理

动态原理是指系统管理目标的实现受人、财、物、时间、信息等因素的影响，再加上管理对象的变化，系统的计划、组织、控制、协调等各个环节必须相应地进行变化，以对管理对象的变化进行动态的适应，从而保证管理目标的实现。

在体育教学中，动态原理要求管理者在管理中要给予下级一定的权利，保证管理的弹性，以便及时采取应对措施，保证管理活动的正常运行。此外，还要重视管理过程中反馈信息的收集与控制，通过信息的反馈，控制未来的行进速度，并最终实现管理目标。

二、体育教学管理的特点与要素

（一）体育教学管理的特点

1.阶段性

学生的年龄特点以及体育教学的年度教学特征，这些因素对体育教学管理具有重要的意义。在管理过程中，应根据不同的教学阶段开展相应的阶段性体育教学管理工作。因此，现代体育教学管理，阶段性是其鲜明的特点。需要指出的是，虽然体育教学管理具有一定的阶段性特点，但是各个阶段之间还具有一定的连续性特征，管理工作循序渐进，逐步提高。

2.教育性

体育教学是我国教育系统的重要组成部分，对于学生体质健康水平的改善和学生素质的提高均具有重要的作用。因此，体育教学管理也呈现出一定的教育性特点。在体育教学管理过程中，应坚持"以人为本"的原则，促进学生各方面的发展和提高。

现代体育教育是教育的一个重要组成部分，因此现代体育管理也必然离不开一定的教育性。我国体育教育教学的总体目标是"以人为本"。因此，现代体育管理也应突出"育人"的特点，在育人的基础上去调动管理者的积极性、主动性，从而为现代体育管理效益的不断提高创造条件。

3.系统性

体育教育管理系统运行过程中会面临多方面的问题，很好地分析和解决相应的问题是促进体育管理系统获得发展的重要推动力。在现代体育教学管理过程中，应坚持系统性原则，从管理工作的整体进行把握，进行科学、合理的宏观调控，使系统的各方面都能够良性发展，从而形成一个强有力的整合系统。具体而言，学校体育教学管理包括人、物、信息、时间四个方面，对其的管理也是在这四个维度上开展的。在体育管理过程中，应灵活协调这四方面的关系。

4.方向性

体育教学管理应具有一定的方向性，科学的理论作为开展工作的指导思想，并且贯穿于管理过程的始终。具体而言，就是要在体育教学管理过程中，坚持马克思列宁主义、毛泽东思想、邓小平理论、"三个代表"重要思想、科学发展观、习近平新时代中国特色社会主义思想作为指导思想，全面贯彻和执行党的教育方针，为实现学校教育的总目标服务，这也是现代体育管理方向性的体现。

（二）体育教学管理的要素

体育教学是一项涉及多方面的复杂活动，为了更好地对其管理工作开展研究，有关学者对其基本要素进行了如下几方面的划分。

1.体育教学管理的对象

体育管理的对象即为各种管理活动的承受者，但是它不仅包括人，还包括财、物、时间、信息等各方面的因素。在体育教学管理中，管理对象所指的人主要是基层学校体育工作的操作者；对财产的管理则主要是指对体育教学经费的管理，保证体育教学经费能够合理使用，并创造一定的经济效益；对物的管理则主要是对体育教学过程中所使用的场地、器材设备进行的管理，科学合理使用这些设备，尽可能提高其使用效率。对时间的管理则是对体育教学的时间和进度进行科学、合理安排，提高单位时间内的办事效率。对信息的管理则主要是体育教学过程中的各方面信息，如学生的各项生理指标、运动成绩等。通过对这些信息进行有效整合、存储来提高体育教学工作的效率。

2.体育教学管理的主体

体育教学管理的主体一般为管理活动中承担相应的管理职能的人或是相应的组织，即为学校体育教学管理机构。管理者在体育教学的管理过程中处于主导性的地位，负责体育教学管理过程中的计划制定、实施以及相应的监督、检查等方面的工作。体育管理主体主要是指在体育管理活动中承担管理职能的人或组织。具体来说，体育管理主体即体育管理者或学校体育管理机构。体育管理者主要包括基层组织管理者和中上层领导者，他们在管理活动中处于主导地位，负责制定计划、组织实施和指导检查等各项工作。管理者根据相应的管理办法来构建相应的管理机构，对教学过程实施科学的管理活动。体育管理机构中管理者的个体素质以及由这些管理者组合起来所形成的集体素质结构，对体育的发展起着十分重要的决定作用。

3.体育教学管理的手段

所谓体育教学管理的手段，是指管理者为实现体育教学管理的目标所采取的方法和措施。体育管理手段是体育管理活动赖以进行的条件和方式，其主要包括宣传教育手段、行政手段、法规手段、经济手段等。

一般而言，人是体育教学管理中的核心要素，体育管理的目标、计划、决策方案等的制定和实施都需要人的参与来实现。因此，人是体育教学管理的核心，对体育教学管理目标的实现有着重要的影响，应通过多种手段，提高人的积极性和主动性。

第二节 体育教学人员、活动及风险管理

一、体育教学人员的管理

（一）体育教学过程中体育教师的管理

体育教师是实现体育教学目标，以及保证体育教学质量的最为关键的因素。因此，在体育教学管理中，必须要重视体育师资队伍的相关管理。

1.体育教师管理机制的建立

（1）约束管理机制的建立。通过建立相关的约束管理机制，有助于在规章制度统一的情况下，对体育教师的教学行为进行有效规范，促使其能够更好地完成教学任务。约束是对体育教师思想行为的规范。服从学校的约束也是体育教师教学水平和基本素质得以体现的一部分。

①着装的约束。由于体育的特殊性，为了在体育教学中能够更好地保护学生的安全，完成教学任务，因此体育教学在体育教师和学生的穿着方面提出了相应的要求。在具体的体育教学中，体育教师要起到模范带头作用，上课要穿着运动服。这种服装不仅有助于树立体育教师挺拔、精神、干练的形象，也有助于体育教师在进行讲解示范时表现出的技术动作标准、优美，同时是体育教师顺利组织与完成教学任务、降低运动损伤的重要基础。对体育教师上课着装情况可以定期或不定期抽查，并将抽查结果作为对教师教学质量进行评价的重要参考。

②言行的约束。作为一名体育教师，必须要遵守善待学生、为人师表的职业道德。在体育教学中，体育教师通过言谈举止便能够将自身具有的专业水准和文化修养直接表现出来。体育实践作为一个教学过程，是通过学生执行动作来完成的。体育教师在这个过程中需要采用合理的教学方法和组织方式使学生练习的积极性得到充分的调动。这就要求体育教师要成为体育方面的鼓动家和指挥家，使学生完成各种练习的能力得到有效的调动。在课堂上对学生的教育，体育教师要通过采用丰富的语言和自己高超的技艺来完成，做到时刻爱护和关心学生，不动粗、不体罚，不说粗话、脏话。通过采用听

课和收集学生的反馈意见，来对体育教师的教学质量进行评价。体育教师通过这些反馈意见来进行及时的纠正和指导。

③教案的约束。与其他学科的教师相比，体育教师由于环境的特殊性，无法手捧教材上课，这就要求体育教师要非常熟悉教学内容，这也是体育课的独特之处。但这不是说体育教师上课不需要提前制定教案，要对体育教师的教案进行定期的现场检查，并将检查结果作为对教师教学质量评定的重要参考因素。

④时间的约束。作为一名体育教师，按时上下课，遵守时间约束是其必备的基本素质。体育教师在教学实践过程中，在对学生进行纪律教育的同时，自身要做到对课堂教学时间的遵守，课堂每一分钟都要珍惜，充分利用课堂教学中的有限时间让学生能够学到更多的知识，获得更多的体育锻炼体验。要对体育教师的上课秩序进行检测，并将检测的结果作为对教师教学质量评价的重要参考因素。

（2）激励管理机制的建立。为了更好地培养体育教师的创新能力，使其主动性和能动性得到充分的调动，促使他们进行创造性工作，促进体育教学质量不断提高，这便是激励。

①激励教师编写教学教案。作为上课必备的资料，教案的编写是每一个体育教师都应具备的最基本的能力。为了更好地激励体育教师编写出质量高的教案，可以向其提供一些教案范例和教案格式，并采用优秀教案评选的方法，将教案作为评价体育教师教学质量的重要参考依据。

②激励教师提升教师素质。体育教师基本素质的增长是通过长期的辛勤劳动和汗水换来的，不是自然增长的。现阶段，可以根据学生身体素质测评、运动员比赛名次、教师公开发表论文数量、教师获省级以上奖项等对教师的素质进行综合测评，并积极创设条件鼓励体育教师提高自身素质，如可以通过健全竞聘上岗、教师挂牌上课、学生选教师上课等激励机制，对教师优胜劣汰，使体育教师产生危机感，促使他们始终保持不断学习的精神、不断创新。①

③激励教师提高教学质量。体育教师所有教学准备活动的最终目的就是促进教学质量的提高。为了更好地激励体育教师钻研组织教法，可以采用集体听课、集体评课、竞赛课、公开课等形式，促使体育教师不断提高课堂教学的质量。

① 李启迪，邵德伟.体育教学基本理论研究[M].北京：北京师范大学出版社，2014.

2.体育教师工作量计划的制定

就目前来看，若想根据学校体育工作计划对体育教学人力资源进行合理的分配，就需要对体育教师工作量计划进行制定。在对体育教师管理方面，一些学校没有将学校体育工作开展的工作量纳入学校体育课时工作量范畴内，这就造成了学校体育教学工作量与教学实践存在很大的出入，使体育师资队伍的结构安排存在不合理现象。由此来看，为了使体育师资队伍的价值得到最大程度的发挥，就必须对每一位体育教师的工作任务进行合理安排，合理分配不同体育工作量任务。总体来说，体育教师工作量计划的制定要从以下几个方面进行考虑。

（1）在校全日制学生和继续教育学生的必修和选修体育课。

（2）课余体育运动训练和课外群体活动指导。

（3）学校内外相关的体育竞赛活动。

（4）对于学生的相关达标测试等。

3.体育教师的培养、培训与考评

体育教师的培养、培训与考评是整个体育教育事业发展的质量保障系统，是体育教学改革发展的要求，它对各级、各类体育教育的质量和国家体育事业的成败有着直接的影响。

（1）体育教师的培养。

①体育教师的培养机构。就目前来看，师范类教育系统的体育院系以及全国体育学院系统的体育专业院校是我国进行体育教师培养的主要机构。全国第五次师范教育工作会议于1996年7月召开，会议决定了要对中等师范学校进行压缩并逐步取缔，从而实现从三级师范教育体系逐步转变为二级师范教育体系。这些年来，在教育和体育事业的大力推动下，很多综合类大学中相继成立了体育院系，从而为体育教师的培养作出了非常重要的贡献。

②体育教师的培养模式。所谓培养模式是指在一定的教育理论和教育思想的指导下，为了保证培养目标的顺利实现，在培养过程中所采取的某种标准的运行方式和构造样式，在不断的实践过程中逐步形成一定的特征或风格，有着非常明显的规范性和系统性。

③体育教师的培养目标。1999年我国颁布了《中共中央国务院关于深化教育改革，全面推进素质教育的决定》2001年又颁布了《国务院关于基础教育改革与发展的决定》，2003年教育部也相继印发了《全国普通高等学校体育教育本科专业课程方案》，2020年颁布了《关于全面加强和改进新时

代学校体育工作意见》从此我国体育专业院校和高等师范院校便有了更明确的体育教师培养目标。

a.对于体育教师来说，其必须要对体育专业所需要的基本知识、基本技能和理论进行熟练地掌握。

b.熟练掌握马克思教育理论。

c.具有相应的科研能力。

d.具备一定的问题分析和解决能力

e.具有从事体育教育工作的能力。

f.具备一定的外文期刊阅读能力。

g.能够更多地了解体育专业相关的科学成就。

④体育教师培养课程的设置。合理的培养课程设置有助于提高体育教师培训的质量。通常情况下，体育教师培养课程可以划分为国家类课程、专业基础课程、专业理论课程、专业技术课程及专项训练、实践类课程。[①] 体育教师的培养在培养系统中主要表现出以下特点：体育类院校以教学为主，开设门类非常多；师范类院校更加注重教育类课程，重点突出师范性。

（2）体育教师的培训。

①体育教师的培训目标。

a.对体育教师的职业化信念予以强化，提高体育教师的师德修养水平以及思想政治素养。

b.促使体育教师具备一定的现代教育观念和意识。

c.掌握体育专业相关的教育理论和专业理论，熟练掌握教学规律和学生的学习规律。

d.熟练掌握现代教育技术和基本教学技能，并在教学实践中进行灵活运用。

e.掌握相应的体育科研方法，使体育教师能够开展理论研究和教改实验。

②体育教师的培训形式。常见的培养形式主要有研修班、培训班、课题研究、教研活动、个别指导以及社会考察、教学实践。

③体育教师培训课程的设置。为了更好地满足体育教师专业的发展需要，要做好相关课程的合理设置，为学校体育工作的顺利开展提供保障。在设置相关培养课程体系时，要将当前体育课程中对体育教师新的期待作为参

---

① 李启迪，邵德伟.体育教学基本理论研究 [M].北京：北京师范大学出版社，2014.

考的主要依据，同时要将体育教师素质教育能力提高和体育课程内容选择的最优化作为指导。

④体育教师的培训模式。常见的体育教师培养模式主要有三种，即院校培训、岗前培训和校本培训，具体如下。

a.院校培训。院校培训主要包括短期进修培训和学位课程培训。前者的培训时间相对较短，一般为几天或几个月；后者的培训时间相对较长，一般在1—3年。

b.岗前培训。岗前培训主要针对新教师，常用的方法主要有两种：一种是由相关的师范院校或教师进修学校来对新教师进行脱产培训；另一种是通过组织培训班，由老教师对其进行帮助和传授。

c.校本培训。校本培训的基本单位是教师任职的学校，校长是第一负责人。这种培训方式有着很强的针对性，其出发点是师生的具体实际需求，可以将教学实践与科研进行有机结合，这样有助于体育教学秩序的正常维持，因此被广泛应用。

（3）体育教师的考评。在体育教师管理中，对体育教师进行客观考评也是其中的一项重要工作。只有建立起健全的体育教师岗位责任制、业务档案管理制度、教师工作量制度和考核奖惩制度，才能顺利实现对体育教师考评的公正、公平、客观，从而为实现制度化、规范化的体育教师考核工作打下良好的基础。

5.体育教师的引进及学术交流

一方面，要根据学校体育教师的定编、教师离退休情况、课程需要等对高层次的体育专业教师进行有计划地引进；另一方面，要根据学校的具体学术交流规定，对经费进行合理的安排，鼓励体育教师更多地参加相关学术交流活动，从而更好地促进体育教师综合素质以及科研水平的快速提高。

（二）体育教学中学生的管理

在现代体育教学中，对学生的管理主要体现在教学组织形式、课堂控制以及对学生课堂违纪行为和偶发事件的预防与控制三个方面，具体如下。

1.教学组织形式

目前，体育课堂的教学组织形式大致分为两类，即班级教学和分组教学。这两种教学组织形式的划分对体育课堂上对学生的管理和教学有着积极的作用。它们都是以集体教学为基本形式，重视学生的多样化、综合化和个性化发展。具体来说，在体育教学中既要进一步完善班级教学，也要重视施行分组教学，以弥补班级教学制的不足。

（1）分组教学。分组教学是把一个班级根据某种形式分成若干个小组，然后由教师以小组为单位进行指导的教学形式。在教学实践中，分组形式的优势主要表现在两个方面：一方面，分组教学模式保留了班级教学的长处；另一方面，分组教学能解决对于部分学生区别对待的问题，有助于体育教师根据不同小组的不同特点进行有针对性的教学指导。

在体育教学的组织和实施过程中，体育教师既可以以学号为依据对学生进行分组，也可以以性别比例为依据对学生进行分组，还可以对全体学生进行随机抽号分组。但不管是哪一种分组，体育教师都应在教学开始前为每个小组指定一名组长，小组长一般为这个组中对课堂内容掌握较好的学生，在教学中应充分发挥小组长的模范带头作用。

（2）班级教学。班级教学又称班级授课制，它是当今体育课堂教学的最为基本的一种形式。这里的"班"有广义和狭义之分，广义上的班是在对班级进行改造后形成的集体或团队；狭义上的班只是传统意义上的"行政班"或"自然班"。

2.课堂控制

在体育教学过程中，为了使体育课堂教学活动按计划有条不紊地进行，体育教师必须认真掌控学生对于课程内容的接收情况，同时重视对课堂体育教学活动效果的监控，并随时将课程上已经达成的目标与预先设定的教学目标进行对比。一旦出现完成目标与预设目标滞后或存在偏差的情况，就应该积极采取措施使课堂教学活动回到正确的轨道上来。

体育教师应采取积极有效的措施对课堂教学活动进行管理控制，具体来说，教师可采取以下措施加快教学进程或是纠正教学偏差。

（1）引导控制学生的思维集中到课程上。

（2）在教学开始前明确本次课堂教学的具体目标。

（3）客观、科学地衡量教学实际达成的目标情况。

（4）认真分析教学偏差产生的原因，有针对性地采取纠偏措施。

3.对学生课堂违纪行为和偶发事件的处理

在教学课堂上，正确处理学生的一些违纪行为或课堂偶发事件是教师课堂管理水平高低的重要衡量标准之一。

（1）对学生课堂偶发事件的处理。教学活动中的偶发事件具体是指在教学过程中由学生或第三方人为、非人为等因素造成的在教师预料之外的偶发性事件。如学生在折返跑训练中由于动作幅度过大而导致脚踝关节的扭伤，学生在做跳山羊练习时山羊支架的意外倒塌等都属于偶发事件。

体育教学的特殊性要求体育教师根据经验在教学开始之前对课堂教学组织与管理做出周密、严谨的准备，对各种可能出现的问题进行预案，但是，偶发事件具有不确定性，在教学中发生不可避免。在体育教学过程中，一旦有偶发事件发生，体育教师首先要保持冷静，并迅速反应，及时控制，果断处理，争取将伤害降到最低。

（2）对学生课堂违纪行为的处理。体育教师应在学生出现课堂违纪行为之前积极预防。在体育教学活动开始之前，教师应凭借自己的教学经验采取积极有效的措施，在学生课堂违纪行为发生前就做出预防性的管理，避免或减少学生违纪行为的产生。具体来说，教师可以通过以下措施来预防学生课堂违纪行为的发生：①明确体育课堂教学常规和行为标准；②在体育教学中重视促成学生的成功经验；③尊重学生、爱护学生，建立和谐的师生关系。

二、体育教学活动的管理

课堂教学是体育教学的主要教学活动，加强对体育课堂教学的管理是体育教学管理的工作重点和难点。

（一）体育课堂教学文件的管理

体育教学文件是指国家的教育方针，包括上级部门颁发的各种有关教学的法令、条例、规定、指示、规划、制度和体育教学大纲，还包括学校体育教学的工作计划、教学进度安排、单元教学工作计划和教案等。

体育教学文件在体育教学中具有非常重要的作用，是体育课堂教学的指导性文件，是体育教学活动开展的重要依据，因此对体育教学文件的管理是体育教学管理的一项非常重要的内容。

1.学习研讨

学习研讨是对体育教学文件进行管理的第一步，具体是指提出教学文件管理的指导性意见，并组织学习研讨。对体育教学文件进行管理的主体是体育机构和体育教研室（组）。

在制定具体的教学文件前，体育机构和体育教研室（组）必须按照上级主管部门对本校体育教学活动的有关要求，对体育教学文件的制定方向给予指导性意见，也就是要在体育教学文件中体现教学的指导思想、任务、质量和时间等。另外，体育机构和体育教研室（组）还应组织学校的体育教师仔细分析研究教学计划，尤其应对教学大纲进行仔细研讨，以便能够结合学生的实际情况和《国家体育锻炼标准》《体育合格标准》等相关制度的要求，制定出符合本校校情的体育教学文件。

2.具体制定

制定具体的体育课堂教学文件是在学习研讨之后进行的。具体来说，相关部门和人员在进行仔细研讨之后，应就教学文件做好具体的规划，然后进行教学文件制定的准备工作。在准备工作完成后，体育教师或教学小组就可以开始正式的进行各类教学计划文件的制定。

在体育课堂教学文件的制定过程中，体育机构或教学主管部门需要印制一份统一的教学计划表格，以便制定过程更加规范，也有助于制定后检查工作的开展。计划文件初步制定完成后，学校应组织具体部门集体讨论与审议，协调与调整教学计划中场地器材的安排和各年级教材出现的时间顺序等。计划文件制定完成后，学校还应依照规定的手续将其交给教研室（组）负责人审核批准，以便于进一步实施。

3.逐项实施

体育教学计划一旦经过审核批准就可以实施了。在实施体育教学文件和计划的过程中，体育教学工作者必须严格规范执行过程，不能随意变动。教研室负责人、教学小组长等还应就计划文件的落实情况进行检查。假如发生特殊情况阻碍教学计划的正常实施，可向教研室（组）申述，有关领导应考虑具体情况，及时合理地调整计划，使之符合客观的体育教学实践。

4.分类整理

分类整理是对体育课堂教学文件的后续管理。在体育教学实践中，凡是制定并完成的各项教学计划学校都应进行分类整理，并存档保管，以备日后的查询、参考与研究。

（二）体育课堂教学过程的管理

1.备课管理

（1）体育教师的备课管理。体育教师进行教学，必须要备课。对备课的管理主要体现在对教师的个人备课提出明确的要求上。教师在备课时，要做好以下工作。

①钻研教材。一方面，体育教师要研究教学大纲（课程标准），根据本学科总的教学目标及各单元、本节课的具体教学目标领会教学的基本要求，把握教材的体系范围与深度；另一方面，体育教师应研究多项教材的重点与难点，及其前后的联系，并加以总结。

②了解学生。体育课堂教学要想充分促进学生的发展，课堂教学活动就必须切合学生的实际。因此，体育教师要全面了解学生的知识基础、身体健康状况、认知能力、运动能力水平，以及学习态度、兴趣需要及个性特征。

③组织教法。体育教师要根据教材性质、教学任务的要求，以及学生的情况、场地器材条件，设计合理的课堂教学方法，确定教学活动的类型和结构。

④编写教案。教案即为课时计划，是对师生课堂上预期的教学活动的设计和描述，也是对每一堂课具体深入的教学准备，它是教师进行课堂教学的直接依据。教案的编写应注意以下几点。首先，教案的编写应根据教学大纲的要求和学校的有关规定进行。体育教师应根据学生的实际情况，如体育基础、体育骨干、伤病情况等备课，同时要考虑到场地、器材的实际情况等，并如实详细记录；其次，教师的教案应该规范，备课的详略程度应当合理，任教班级体育教学目标应该明确确定，或者合理分解等；最后，备课文字精练、准确，教法运用正确。

⑤准备场地器材。在上体育课前，体育教师应自己或组织学生帮忙准备好场地、器材，这是上好体育课的物质保证。另外，教师还要认真地规划场地和布置器材。

（2）学校对体育教师的备课管理与支持。学校应定期与不定期地检查教师的教案或者对教师的教案进行评比。同时，在教师个人备课的基础上，组织适当的集体备课，注意建立必要的集体备课制度，科学、合理、规范、恰当地确定每次集体备课的主题。此外，在拟定集体钻研教材、教法时要抓住重点，统一必要的体育课堂教学的基本要求等。

2.上课管理

（1）体育教师的上课管理。体育教师既是体育课上的教学者又是管理者。因此，体育教师决定体育课的管理质量。体育教师对体育课的管理工作主要包括课堂常规的建立、做好思想政治工作调动学生的积极性、课的合理分组、教学方法手段的运用调度、运动密度强度的掌握、场地器材的运用、安全措施的运用，以及教师本人和学生的着装要求等。

（2）学校对体育教师的上课管理与支持。体育教学活动的相关管理者对体育教师的上课管理具有重要的影响作用，为了使体育教师顺利地完成上课管理，管理者应给予以下几方面的支持。

①要对体育课的教学给予与其他文化课程一样的关心与支持，并提出一定的要求。

②应积极主动地深入课堂，去观摩或听课，以便加强对体育课的检查与督导。同时，应积极组织一定的示范课、公开课、研究课等多种课型，开展体育教学的业务研讨，加强对体育课的检查督导。

③要尽最大可能为体育课提供必要的条件，帮助体育教师及时解决教学过程中产生的各种问题，为体育教师创造良好的教学环境。

（3）课后管理。在体育教学课结束时，体育教师应提出下次课的任务，组织学生收回器材、整理场地，并按时下课。

体育教学课结束后，体育教师应总结本次课程的内容，认真开展课后小结，及时听取学生的反馈意见，以便不断地改进教学工作。

（三）体育课堂教学的考核管理

体育课堂教学考核是体育教学过程中的一个非常重要的环节，主要包括以下几个方面。

1.体育教师对体育课成绩考核的管理

对学生体育课成绩的考核管理，体育教师主要从以下几个方面着手。

（1）根据学校相关机构和体育教研室的具体要求，体育教师要对体育课成绩考核进行认真的组织实施。

（2）对于体育课程成绩考核的方法和标准，体育教师要熟练掌握，并在测评的过程中做到公平、公正、合理。

（3）在考核结束之后，体育教师要及时地将学生所得成绩进行登记，并根据学校的规定程序将成绩报送到学校相关部门。

2. 体育教研室（组）对体育课成绩考核的管理

体育教研室（组）对大学生体育课成绩考核的管理主要是按照体育教学大纲和教学计划的相关规定，结合学生的实际情况进行的，具体如下。

（1）体育教研室（组）组织讨论并制定体育课成绩考核的项目、内容、评分标准、计分方法和评定总成绩时各种内容所占的比例等。

（2）体育教研室（组）对体育教师进行检查和监督，要求体育教师必须正确对待考核工作，制定出合理的、科学的评分标准与方法，统一评定尺度，认认真真地完成体育课成绩的考核。

（3）体育教研室（组）应积极地审核各班体育课成绩登记表，尽快报送教务部门，及时建立学生的成绩档案。

（4）体育教研室（组）应根据有关规定审核并组织体育成绩不及格的学生进行补考。

第三节　现代体育教学质量管理体系的构建

一、现代体育教学质量管理体系构建的具体要求

（一）构建现代体育教学质量评估体系

作为学校内部体育教学质量的监控体系，以及为体育教学质量提供重要保证的重要环节，进行教师教学质量评估是学校教学的主要管理部门经常采用的对教学质量进行管理的主要方式。学校的基本任务就是教书育人，而促进教育质量不断提高也是其中永远不变的主题。其中，教学质量的提高是促进教育质量不断提高的重中之重，这也是现代教育进入到大众化阶段所产生的社会共识。为了促进现代教学质量的不断提高，相关教育主管部门制定并推行了相应的教学评估制度，同时地方教育部门也将《学校体育工作条例》这一评估制度进行了很好的贯彻。以上这两个评估制度现已成为促进我国体育教学质量不断提高的关键举措。在现代学校教学中，长久以来都是根据对人才进行培养的定位与目标，来尝试建立起一个自我约

束、自我完善的监控体系和内部教学质量保证。在对体育教学质量进行管理方面，对体育教师教学质量进行评估已成为学校教学相关管理部门最主要、最常采用的方式。

（二）构建质量管理反馈系统

在质量管理方面，信息是其中最为主要的依据，为了确保学校质量管理体系能够得到正常的运转，就需要构建一个内外信息沟通的反馈系统。组建"教学督导员队伍""教学信息员队伍"，同时借助问卷调查、学生座谈会、网上信箱、网上评教、编制《教学通信》等途径对教学与管理方面的信息进行收集与反馈。此外，在固定的时间还要在教育质量评估和监控例会上对有关教师、学生、专家的质量信息进行汇总，从而促进体育教学工作质量得到不断提高。这样才能对教师上课的质量和学生的各种需求进行及时、便利、高效的了解和掌握。

（三）设定质量管理目标体系

同其他学科相比，体育学科具有一定的特殊性，并且每个学校的体育教学发展实际情况存在较大差距，公共体育普遍发展相对缓慢。这就要求各学校要通过分析具体实际情况来制定质量目标。所制定目标的内容要包括体育服务质量的全部内容，每一项内容都应规定具体的标准，其中包括定量和定性的规定。所制定的目标要符合实际，切实可行。

二、体育教学质量管理体系建构的程序

（一）对体育教学质量监控体系进行总体策划和设计

所谓对教学质量进行监控的体系，是指为了更好地保障体育教学质量，在教学过程中所采取的一系列的教学管理机制和教学质量监控机制，在这些机制的正常运作下，更好地巩固和提高体育教学质量。这个体系的主要内容包括教学质量监控与管理的激励、竞争、创新、约束机制，教学质量评价、教学质量监控的组织体系，教学的基本条件，教学管理的规章制度，教学环境的建设，以及决策、运行、指挥、条件保证和仲裁督导等诸

多结构①。

对于体育教学质量来说，一个完整的质量管理体系主要包括以下三个方面。

（1）负责对体育教学过程质量进行监控的体育相关部门在内部所进行的自我评价及相关监控系统。

（2）教育部以及省教育厅中有关的权威专业评估机构。

（3）以结果评价为主的包括大众传播媒体在内的民间评估机构。

（二）编制体育教学质量管理文件和实施、运行质量管理体系

通过体育程序文件、作业文件以及质量手册三级文件的建立，促使学校体育教育管理模式更加文件化和制度化，进一步明确各个工作岗位的主要职责、权限以及岗位之间的相互关系，从而更好地确定各项工作的程序。在工作过程中，由于各个工作有着各自不同的内容，每个人应根据作业文件以及程序文件的详细要求来做，不能单单依靠领导的责任心以及多年的工作经验来进行协调和管理。只有这样才能使学校各项工作中的每一个环节和管理层面的准确性和高效性得到有效保障，从而更好地避免了工作的随意性。这样会使更多感性的东西逐渐上升到更为理性的层面，以保证各项工作都能做到"有法可依"。在对体育教学质量关系体系进行调试运行阶段，自查是不可缺少的一个环节。要经常进行自查，从而使体育教学质量管理体系能够得到正常而有效的运转。

（三）对质量管理体系进行持续改进

学校体育所追求的目标，是通过对质量管理体系进行调整、保持和完善，从而形成一个能够让学生满意，并且能够持续发展的质量管理体系。在对学校体育质量管理体系进行贯彻实施的过程中，学校的各级管理者需对该体系进行关注并持续改进，针对现行的质量管理体系运行情况采用系统的方法进行分析与评价，取其精华，去其糟粕，并确定需要改进的目标，通过多渠道、多途径找出最有效的解决问题的方法，从而实现这些目标。

---

① 戴玉英.高等院校公共体育教学质量管理体系的建构[J].牡丹江师范学院学报（自然科学版），2011（01）：61-63.

参考文献

[1] 关北光，毛加宁.体育教学设计 [M].成都：西南交通大学出版社，2016.

[2] 方慧.体育教育的价值回归——促进大学生素质教育和终身体育培养的体育教学模式研究 [M].北京：化学工业出版社，2015.

[3] 张亚平.学校体育教学与管理 [M].北京：中国书籍出版社，2014.

[4] 李启迪，邵伟德.体育教学基本理论研究 [M].北京：北京师范大学出版社，2014.

[5] 王崇喜.体育课程与教学改革研究 [M].开封：河南大学出版社，2014.

[6] 龚正伟.体育教学新论 [M].长沙：湖南师范大学出版社，2013.

[7] 龚坚.现代体育教学新论 [M].重庆：西南师范大学出版社，2009.

[8] 毛振明.体育教学内容改革与新体育运动项目 [M].北京：北京体育大学出版社，2002.

[9] 杜俊娟.体育教学设计 [M].北京：北京体育大学出版社，2007.

[10] 黄力艳.论高校体育与健康教育改革的新思路 [J].大众科技，2009（03）：154–155.

[11] 毛振明.体育教学论 [M].北京：高等教育出版社，2005.

[12] 潘绍伟.学校体育学 [M].北京：高等教育出版社，2008.

[13] 毛振明.体育教学评价技巧与案例 [M].北京：北京师范大学出版社，2009.

[14] 高鹏.从科学发展观谈学校体育教育"三大理念"的内涵 [J].科技信息，2009（34）：259,263.

后 记

　　时间稍纵即逝，转眼此书的编撰工作几近尾声。本书分八个章节从多层面详细阐述当代高校体育教学环境的现状及发展，是作者多年来研究高校体育教育方面的心血之作。近年来，亚健康状况在年轻人当中广泛存在，其中以大学生人群较为普遍，这使许多专家学者将研究的目光落在了体育教育领域上。为此传统高校体育教学方法显得略微无力，发展且如何正确发展体育教学方法是一个新挑战。面对这种严峻的形势，作者希望此书能为高校体育教育的良性发展贡献微薄力量，并随着越来越多力量的投入与挖掘，我国的民族传统体育的建设将会不断取得新进展，并将正确地体育教学思想确立为体育教育的发展方向，大力弘扬"健康第一"的教学指导思想。采取各种手段与措施，切实提高学生对于体育学习的热情与兴趣，最终达到终身锻炼的目的。少年强则国强，培养"终身体育"意识刻不容缓。希望此书能为我国高校体育教育发展提供新视野，不断推进素质教育。作者能为投身此事业感到自豪，并誓为中华崛起而奋斗。